高等教育学学科建设丛书

丛书主编 ● 张德祥　李枭鹰

高等教育政治学十二讲

十二讲

解德渤 ● 等 著

广西师范大学出版社
GUANGXI NORMAL UNIVERSITY PRESS
· 桂林 ·

图书在版编目（CIP）数据

高等教育政治学十二讲 / 解德渤等著. -- 桂林 : 广西师范大学出版社，2024. 12. --（高等教育学学科建设丛书 / 张德祥，李枭鹰主编）. -- ISBN 978-7-5598-7464-1

Ⅰ. G640；G40-053

中国国家版本馆 CIP 数据核字第 2024M8B288 号

广西师范大学出版社出版发行

（广西桂林市五里店路 9 号　邮政编码：541004
网址：http://www.bbtpress.com）

出版人：黄轩庄

全国新华书店经销

广西广大印务有限责任公司印刷

（桂林市临桂区秧塘工业园西城大道北侧广西师范大学出版社集团有限公司创意产业园内　邮政编码：541199）

开本：787 mm × 1 092 mm　1/16

印张：12.5　　　字数：190 千

2024 年 12 月第 1 版　　2024 年 12 月第 1 次印刷

定价：48.00 元

总　序

我国的高等教育学学科自20世纪80年代初创建以来，经过近四十年的建设与发展，已经形成以高等教育学为主干的学科群。但总体来说，高等教育学还不是一个成熟的学科。这需要我们进一步加大力度，推进高等教育学的建设与发展。

高等教育学走向成熟需要加强多层次的高等教育研究。高等教育学应高等教育的发展需要而诞生，但高等教育作为一种社会活动不会自动转化为高等教育的“学科形态”。高等教育学的诞生、发展、壮大和繁荣，时时刻刻离不开高等教育科学研究。因为，离开了高等教育科学研究，就不会有任何的关于高等教育的学问，自然也就不会有高等教育学的诞生、发展、壮大和繁荣。从高等教育学学科建设的角度看，这套丛书倡导要加强元高等教育学研究或高等教育学元研究、高等教育学原理研究、高等教育学子学科建设研究和高等教育重大理论问题研究，是中肯的和值得肯定的。

高等教育学走向成熟需要加强高等教育学子学科建设。学科不断分化又不断综合是学科发展的基本趋势，而分化又是综合的前提和基础。一般地说，学科分化以子学科的形态呈现，即子学科的繁荣程度可以反映学科的分化程度；任何一个学科走向成熟，离不开该学科各子学科的支撑。高等教育学的建设与发展，一方面需要社会学、政治学、经济学、文化学、管理学、政策学等学科的参与和支持，而且这些学科发展得越好，可以为高等教育学提供的启发和借鉴就越多；另一方面更需要高等教育学各子学科的支撑，而且这些子学科发展得越好，高等教育学就越能横向拓展和纵深推进。目前，高等教育学各子学科发展态势良好，但总体上还不充分不平衡，像高等教育学、高等教育管理学等子学科发展得好一些，其他子学科相对单薄一些，需要我们花更多的力气去耕耘、播种和浇灌。

高等教育学走向成熟需要出版社、学术期刊出版机构等各种学术成果之孵化平台的大力支持。目前，国内办了不少专门的高等教育学术刊物，各出版社也大力支持高等教育学学术著作的出版。一直以来，广西师范大学出版社对高等教育学著作的出版支持力度很大，除了出版大量的单本专著，广西师范大学出版社在21世纪初出版过由薛天祥教授主编的“高等教育理论丛书”，这套丛书对高等教育学学科的人才培养影响很大，不少师生从中获益匪浅。如今，广西师范大学出版社又联合大连理工大学高等教育研究院，策划、组织、编写和出版“高等教育学学科建设丛书”，以专题形式研究高等教育学各子学科中的经典问题、前沿问题、热点问题和难点问题，这对我国高等教育学的学科发展和人才培养意义重大。

高等教育学走向成熟需要高等教育学学术共同体的共同努力。任何学科的成熟都是一代又一代研究者艰苦耕耘的结果，而且每一代有每一代的责任和使命。这对高等教育学而言也不例外。多年来，大连理工大学张德祥教授潜心于高等教育科学研究，带领学术团队勤耕不辍，在高等教育多个研究领域取得了可喜的成就，如今又带领学术团队立足于其成员各自的研究生课程教学，恪守经典性、学术性、前沿性、教育性和可读性的原则，采用灵活性较强的“讲义”形式，以高等教育学各子学科为核心和重点，编写和出版“高等教育学学科建设丛书”。这套丛书涉及多个高等教育学子学科，充分展现了新一代高等教育学研究者建设与发展高等教育学学科的责任感和使命感，用两位总主编在前言中的话说就是，“进一步促进高等教育学学科建设，为高等教育学学科建设和高等教育学学科人才培养提供必要支撑，并为新时代中国特色社会主义高等教育理论体系的丰富完善增砖添瓦”。对于这套丛书的策划、组织、编写和出版，我由衷地感到欣慰。最后，我真诚地希望参与这项工作的老师们不辞辛劳、不畏艰难、努力工作，高质量、高水平地把这套丛书呈现给读者。

是为序。

潘懋元

于厦门大学高等教育发展研究中心

2022年3月19日

前　言

中华人民共和国成立以来，特别是改革开放之后，我国的高等教育科学研究取得了可喜的成就，为发展和繁荣我国高等教育学做出了突出贡献，在国家和各级政府制定高等教育政策中发挥了不可替代的智库作用，为解决高等教育改革发展中的实际问题提供了理论指导和行动指南。面向未来，高等教育科学研究要有更大作为，为我国高等教育现代化建设做出更大贡献。

我国高度重视教育科学研究，教育部专门印发了《关于加强新时代教育科学研究工作的意见》，明确提出“丰富完善中国特色社会主义教育理论体系”的宏伟目标。中国特色社会主义高等教育理论体系是中国特色社会主义教育理论体系的有机组成部分，高等教育理论工作者有责任和义务为之丰富完善做出积极的努力和贡献，而加强高等教育学学科建设是奠基之举。为此，我们有必要加强四个方面的高等教育科学研究。一是元高等教育学研究。元高等教育学主要探讨高等教育学的学科本质、学科本体、学科本原、学科属性、学科方法、学科边界、学科分类、学科价值等问题，以及高等教育学为何形成、如何形成和怎样发展，从总体上或全局上引导高等教育学学科建设。二是高等教育学原理研究。高等教育学原理揭示了高等教育的本质及其运行、发展的一般规律，提供了认识、解释高等教育的基本框架，贡献了指导高等教育实践的一般原则，对高等教育学学科建设具有根基性意义。三是高等教育学子学科建设研究。我国的高等教育科学研究已形成以高等教育学为主干的学科群，但各子学科发展还不充分不平衡，需要我们大力推进高等教育学子学科高水平集群化发展，为高等教育学学科发展提供强有力的支撑。四是高等教育重大理论问题研究。高等教育的建设、改革和发展会经常碰到各种高等教育重大理论问题，研究这些高等教育重大理论问题不仅是指导高等教育实践的需要，也是建设高等教育学学科体系的需要，还是丰富完善中国特色社会主义高等教育理论体系的需要。

为全面推进元高等教育学、高等教育学原理、高等教育学子学科建设和高等教育重大理论问题等方面的研究，进一步促进高等教育学学科建设，为高等教育学学科建设和高等教育学学科人才培养提供必要支撑，并为新时代中国特色社会主义高等教育理论体系的丰富完善增砖添瓦，我们恪守经典性、学术性、前沿性、教育性和可读性原则，策划、组织、编写和出版这套“高等教育学学科建设丛书”。这套丛书拟包括《教育学基本理论十二讲》《高等教育学元研究十二讲》《高等教育学十二讲》《高等教育政治学十二讲》《高等教育社会学十二讲》《高等教育问题十二讲》《高等教育评价学十二讲》《大学课程与教学论十二讲》《高等教育伦理学十二讲》等著作。这套丛书的作者以大连理工大学高等教育研究院的老师为主，以国内相关领域的专家学者为辅。整个研究团队不畏艰辛、不怕困难、精诚团结，为丛书的顺利完成倾注了大量的时间、心血和汗水。尽管如此，这套丛书仍或存在这样或那样的不足，敬请各位读者包容和批评指正。

这套丛书的策划、组织、编写和出版，自始至终得到了广西师范大学出版社的大力支持。广西师范大学出版社在我国高校出版社中名列前茅，一直以来十分重视高等教育学著作的出版，为高等教育学学科建设提供了独有的支持，如今又全力支持这套丛书的出版。对此，我们由衷地感谢！

张德祥　李枭鹰

2022年3月10日

目 录

Contents

导言
高等教育政治学的魅力

在接触高等教育政治学之前,大家对作为主干学科而存在的高等教育学有着较为深入的理解,对作为交叉学科而存在的高等教育哲学、高等教育史学、高等教育社会学、高等教育经济学以及高等教育管理学等也有一定的了解,至少在名称上是不陌生的。上述跨学科视野使得高等教育学看待问题更加全面,站位更高远,但倘若缺少从政治学这一视角看待问题,那么高等教育学将会失去一座独特的"瞭望塔"。

我们已经习惯从哲学、历史学、社会学、经济学、管理学等其他学科来观照高等教育问题或实践,但对政治学的悦纳程度相对不足,重视程度更是远远不够。譬如,在高等教育改革与发展过程中,一旦忽视至关重要的政治因素,改革极有可能遭遇失败。对此,有学者委婉地表达道:"教育改革无法回避历史,同时也无法回避政治。"[①]实际上,我们可以采取更为彻底的态度:"教育改革无法回避历史,同时更无法回避政治。"两种表述仅一字之差,但背后的意蕴大不相同。英国谢菲尔德大学安德鲁·甘布尔(Andrew Gamble)教授在《政治学为什么重要》一书中一针见血地把我们无法回避政治的根本理由揭示出来:"政治只是人类生活的一小部分,但它仍然塑造了我们所做的所有事情的框架。"[②]也就是说,政治学可以提供有别于其他学科最深沉、最严肃的"洞察力"。需要进一步探寻的是,政治学的知识结构对高等教育学究竟有何特殊价值,两门学科的特别结合又能碰撞出怎样的火

① 鲍嵘.高教改革亟需政治学观点与视角:兼论高等教育政治学的动力、命题与品质定位[J].现代大学教育,2010(6):19-23.

② 甘布尔.政治学为什么重要[M].孔新峰,译.北京:北京大学出版社,2021:20.

花呢？

也许，在许多人的眼里，政治学是一门钻营权术的“厚黑学”，或者说是面向少数人且专属于少数人的专门学问。显然，这是对政治学终极关怀的极大误解，同时对政治活动或政治实践本身抱有不小的误会。从理想主义政治观来看，政治学推崇自由、平等、公平、正义等，在根本上追求的是一种“公正良善”的秩序生活。这也就是为什么古希腊的亚里士多德将政治学视为“一切学术中最重要的学术”①。若从现实主义政治观来看，政治学更加关心权力的分配与使用，主要体现在不同利益群体围绕公共事务中的分歧、冲突等所展开的种种决策或协商行为上。在战争年代或社会动荡时期，人们对政治的理解和感受是直接的、残酷的、痛苦的，从而对安定祥和的秩序生活表现出极度渴求。在和平年代，我们也不能把这种秩序生活视为一种“理所当然”，而对政治表现出“漠不关心”的态度。因为政治如同空气一般存在，虽然人们看不见、摸不着，但它与每个人的日常生活息息相关，与每个人的前途命运休戚与共。可以毫不夸张地说，不理解政治，就无法理解个人命运，遑论把握个人命运；不理解政治转向，也就无法理解个人命运的转向。许多历史事件已经无可争议地证明了这一点，如 1977 年的恢复高考。概言之，理想主义政治观是指向秩序的一种政治理念，现实主义政治观主要是直面作为政治过程的事实，两种政治观交织在一起形成认识结构上的“双螺旋”，从而构成“政治 DNA”。它们共同负载并传递着“政治密码”、影响或决定着“政治性状”，并借助合法化了的政治制度深嵌于社会的各个系统之中，这自然包括高等教育子系统。

在高等教育场域中，政治因素发挥着直接却隐蔽的作用，体现在世界高等教育格局、高等教育政策制定与调整、大学与政府关系、大学内部治理结构与运行、大学战略规划与实施、大学课程、课堂教学、学术事务管理、师生关系等各个方面。虽说“政治学就像许多其他学科一样，被划分为越来越多不同的子学科。其中最主要的有国际关系、比较政治学、政治思想、政治学

① 亚里士多德.政治学[M].吴寿彭，译.北京：商务印书馆，1965：148.

理论、公共管理和政治经济学"①,但政治学持续回答的核心命题始终是,什么是"政治正义"以及如何实现"政治正义"。政治学研究的两大基本问题是"权力(对秩序的需求)与权利(对自由的需求)的关系问题、政治(规制社会)与治政(规范政府)的关系问题"②。如此说来,高等教育政治学主要不是意欲探讨高等教育场域中利益或权力斗争的交叉学科,而是借助政治智慧在高等教育总体秩序与意志自主之间寻找一种平衡,从而它是一门具有建设与完善意义的交叉学科。申言之,不理解政治,高等教育研究无法向纵深方向推进;不了解政治学,高等教育实践就难以走向"良善"。除此之外,政治学还让原本带有理想精神或浪漫色彩的高等教育学更多地触摸到一些不易被觉察的现实,从而使其获得一份政治审慎、一种政治智慧乃至政治格局,进而在增强自身理论解释力的同时,有助于打破原有的或建立一种更具适应性的高等教育秩序。即作为"复数"存在的政治学能够为高等教育学分析问题、解释问题以及解决问题带来更为宽阔、更为深邃的学术视角,这使得高等教育政治学这门交叉学科充满无与伦比且与众不同的学科魅力。

通过上述分析,我们能意识到政治学视角对高等教育研究具有独特价值,但高等教育政治学发展相对滞后是一个不争的事实,其在高等教育学的分支学科家族中更显"势单力薄"。造成这种境遇的原因是多方面的:第一,不成熟的高等教育学——这个修饰语可能让大家一时难以接受,但回顾学科历程竟有几分相称——尚未走向学科自主。经过四十余年筚路蓝缕的学科创业,高等教育学确实取得了令人瞩目的成绩,但学科分化程度不高,这是高等教育学不成熟的标志之一,从而时不时地遭到学科合法性的质疑。不客气地说,分支学科发展不充分、不平衡的问题已经成为制约高等教育学学科发展的主要矛盾,反之亦然。二者互为因果、相互钳制,从而学科发展陷入"莫比乌斯环"而走向无限循环。第二,高等教育政治学的学者群体较为分散,"学术共同体"的意识与行动均不明显。许多高教研究者从事的是与高等教育政治学密切相关的研究,但基本上分散在不同研究领域,且以

① 甘布尔.政治学为什么重要[M].孔新峰,译.北京:北京大学出版社,2021:35-36.

② 燕继荣.政治学十五讲[M].2版.北京:北京大学出版社,2013:9-10.

“高等教育基本理论”或“高等教育管理”作为自己的研究标签,而很少标榜自己是高等教育政治学的学者,这种奇特的学术现象值得深入反思。同时,这再次印证了一点,高等教育政治学这个分支学科的发展确实很薄弱,尚未成为学者心目中的“显学”。第三,“谈政色变”“倚政伏行”是高等教育政治学发育迟缓的现实原因,也是不容忽视的心理因素。许多研究者对于政治的态度是暧昧的,表现出远离政治和贪恋政治的双重态度——“谈政色变”使部分高教研究者在某些议题上刻意回避政治因素,难免遮蔽了许多理论命题或实践问题之根本;“倚政伏行”表现为不少研究者乐此不疲地“跟着文件跑”“跟着热点跑”“跟着术语跑”(如“管办评分离”、“放管服”改革、“高质量发展”等)。当然,不是说出台的文件、新近的热点、流行的术语等不需要研究,而是研究者以何种姿态面对这些问题。

我们究竟需要什么样的高等教育政治学?实事求是地说,大多数高等教育实践活动都直接或间接、显性或隐性负载着政治功能,“教育部分地是权力、语言和实践的技术,它产生和证实道德和政治规则的形式,建构和提供人类对自我和世界的特殊见解。这样的见解从来不是洁白无瑕的,它们总是被隐含在伦理和权力的话语和关系中”①。正因如此,高教研究者无法回避政治,需要在教育场域“习以为常”的背后探索政治视角下的“不同寻常”,又需要在特定的“政治敏感”地带守望心中那份不曾磨灭的“教育情怀”。既要立足于政治又要超拔于政治,这是在周延意义上探讨高等教育政治学的一个基本态度。从时空特征来看,我们心中的高等教育政治学主要是扎根中国大地,而不是西方政治理论在中国高等教育实践中的简单套用,当然,我们也不能盲目排斥西方国家的相关学术成果;我们考察的高等教育政治学在时间跨度上主要是 1921 年中国共产党成立以来的高等教育百年实践,特别是改革开放四十余年的高教改革。必须回答的核心命题就是,马克思主义指导下的中国高等教育走过怎样的发展历程(历史视角)?中国特色社会主义语境下的高等教育是何种式样(理论视角)?中国共产党领导下

① 吉罗克斯.跨越边界:文化工作者与教育政治学[M].刘惠珍,张弛,黄宇红,译.上海:华东师范大学出版社,2002:96.

的高等教育有哪些实践经验(实践视角)?历史逻辑、理论逻辑和实践逻辑的有机统一,这是在中国语境下探讨高等教育政治学的一个基本立场。就学科品格来说,高等教育政治学具有自身独特的实践方式与价值取向。它是一门研究政治因素如何影响、形塑或建构高等教育某种秩序的学问,也需要回答高等教育是如何通过知识传递实现政治合法化与文化再生产的,毕竟"教育上的问题多半为彻头彻尾的价值问题"①。前者显性表达为"秩序品格",并映射出"权力品格"与"权利品格";后者显性表达为"知识品格",并映射出"教化品格"与"德性品格";二者综合表达为"文化品格",最终指向"解放品格",具体映射出"沟通品格"与"认同品格",以推动高等教育迈向善治、促进政治认同走向濡化。为解放而斗争,这是在学术价值层面探讨高等教育政治学的一个基本归宿。

虽说我国学术界围绕高等教育政治学的某些主题进行探讨的著作不少,但直接冠以"高等教育政治学"的却不多见。目前有两个版本:一个是朱新梅于 2007 年在教育科学出版社出版的《知识与权力:高等教育政治学新论》,另一个是周光礼于 2010 年在华中科技大学出版社出版的《公共政策与高等教育——高等教育政治学引论》。前者的"新论"运用"知识—权力"分析框架剖析了大学与政府之间的关系(疏离型关系、隶属型关系、合作型关系)、大学与社会(无序型社会、总体型社会、治理型社会)之间的关系。② 后者的"引论"主要是从公共政策的角度,以案例研究方法来剖析高等教育现象,如研究大学生资助政策是基于得克萨斯大学的个案,研究大学治理模式是基于多伦多大学的个案,研究大学法人制度是基于日本国立大学法人化改革的个案等。③ 必须承认,这两部著作在高等教育政治学方面都做出了积极探索,"新论"中论及的大学与政府之间的关系、大学与社会之间的关系是高等教育政治学的关键议题,"引论"中论及的公共政策也是对高等教育政治学的一个特别刻画。高等教育政治学可否从教育政治学那里汲取一些学

① 哈耶克.自由秩序原理:下[M].邓正来,译.北京:生活·读书·新知三联书店,1997:164.

② 朱新梅.知识与权力:高等教育政治学新论[M].北京:教育科学出版社,2007:20-38.

③ 周光礼.公共政策与高等教育:高等教育政治学引论[M].武汉:华中科技大学出版社,2010:20-60.

科营养呢？目前我国以“教育政治学”为名的著作有四个版本：其一是杨学谅等于1992年在辽宁教育出版社出版的《教育政治学导论》；其二是成有信等于1993年在江苏教育出版社出版的《教育政治学》（2000年修订再版）；其三是马凤岐于2002年在人民教育出版社出版的《教育政治学》（教育科学分支学科丛书中的一部，2019年修订再版）；其四是蔡春于2010年在北京师范大学出版社出版的《在权力与权利之间——教育政治学导论》。四个版本各有特色、各有侧重，整体都比较温和、理性与辩证，对认识和思考高等教育政治学的相关议题具有重要启发意义。

放眼国外，以批判教育学为共同标签的学者们对“教育政治学”的立场更为激进、观点更为辛辣。例如，巴西保罗·弗莱雷著有《被压迫者教育学》，其中“教育即政治”“教育即解放”的思想在今天依然振聋发聩；美国吉罗克斯在《跨越边界——文化工作者与教育政治学》一书中旗帜鲜明地将教育视为文化政治学的重要形式；美国阿普尔在《意识形态与课程》《官方知识——保守时代的民主教育》《教科书政治学》《国家与知识政治》等著作中揭示出知识、课程或教科书从来都不是中立的，“官方知识”具有价值偏好，并不包含弱势群体的声音，从而出现“文化沉默”现象。随手一翻，这些著作都会深深吸引你。这大概就是政治学视角在教育问题上的独有魅力，但是我们必须注意其界限问题，因为“教育和政治是两种不同的社会实践，有不同的原理和规律，也有不同的价值和目标”①。即承认“教育的政治性”是必要的，倘若鼓吹或者推行“教育的政治化”就是错误的，我们在反对“去政治化”的同时还要高度警惕“泛政治化”。

除此之外，我们不得不提及国内外几部重要著作，它们虽不是通篇探讨高等教育政治学，但其中对高等教育政治学关注的某个主题（如“权力政治”“文化政治”“教育政策”等）或者某些章节对高等教育政治问题的分析令人拍手称奇，从而在高等教育学术界“家喻户晓”。（1）对高等教育中的“权力政治”进行剖析的有：潘懋元先生领衔主编的《多学科观点的高等教

① 马凤岐.教育政治学[M].北京：人民教育出版社，2019：129.

育研究》一书有一章内容为“政治学的观点：高等学校的二元权力结构及其运行”①（张德祥撰写）；张德祥在《高等学校的学术权力与行政权力》一书中系统探讨了中国大学内部的权力配置问题②；加拿大范德格拉夫等人编著的《学术权力——七国高等教育管理体制比较》有助于读者对德国、意大利、法国、瑞典、英国、美国和日本的学术权力运作及其模式形成一个概览式的认识地图③。（2）分析高等教育中“文化政治”的代表作有：加拿大许美德在《中国大学1895—1995：一个文化冲突的世纪》一书中对中国大学百年史进行了系统的文化考察④，提出“中国大学模式”的宏大命题；美国魏定熙在《权力源自地位：北京大学、知识分子与中国政治文化，1898—1929》一书中以翔实的史料考察了北大的早期历史，以小见大地揭示出当时中国社会、文化与政治之间的复杂关系⑤。（3）聚焦高等教育政策展开研究的有：荷兰范富格特主编的《国际高等教育政策比较研究》一书讨论了澳大利亚、美国、丹麦、法国、德国、日本、荷兰、加拿大、瑞典、瑞士以及英国等国家的高等教育政策，拓宽了高等教育领域理论工作者和实务工作者的国际视野⑥。（4）美国伯顿·克拉克在《高等教育系统——学术组织的跨国研究》一书中提出了著名的“三角协调模型”⑦，在主编的《高等教育新论——多学科的研究》一书中专门论及“政治的观点”（该篇由英国莫里斯·柯根撰写）⑧；美国德里克·博克在《走出象牙塔——现代大学的社会责任》一书中专门花费较大篇

---

① 潘懋元.多学科观点的高等教育研究[M].上海：上海教育出版社，2001：290-313.

② 张德祥.高等学校的学术权力与行政权力[M].南京：南京师范大学出版社，2002.

③ 范德格拉夫.学术权力：七国高等教育管理体制比较[M].2版.王承绪，张维平，徐辉，等译.杭州：浙江教育出版社，2001.

④ 许美德.中国大学1895—1995：一个文化冲突的世纪[M].许洁英，译.北京：教育科学出版社，2000.

⑤ 魏定熙.权力源自地位：北京大学、知识分子与中国政治文化，1898—1929[M].张蒙，译.南京：江苏人民出版社，2015.

⑥ 范富格特.国际高等教育政策比较研究[M].王承绪，译.杭州：浙江教育出版社，2001.

⑦ 克拉克.高等教育系统：学术组织的跨国研究[M].王承绪，徐辉，殷企平，等译.杭州：杭州大学出版社，1994：153-161.

⑧ 克拉克.高等教育新论：多学科的研究[M].2版.王承绪，徐辉，郑继伟，等译.杭州：浙江教育出版社，2001：50-73.

幅探讨了“学术自由”“学校自治和国家要求”以及“大学的政治立场”等主题[①];美国布鲁贝克在《高等教育哲学》中提出“认识论”和“政治论”两种哲学取向[②];美国库恩在《科学革命的结构》一书中将“科学革命”与“政治革命”进行对比,指出新旧范式的更迭动力是一个“类政治”过程[③]。由此,我们可以看出:经典的高教研究成果通常不是“就教育谈教育”,大多具有高远的研究立意、宽阔的学科视野,且从来没有轻易怠慢过“政治学视角”。

基于此,笔者不揣浅陋尝试通过十二讲来呈现高等教育政治学的基本图景:

第一讲“解放教育学先驱与解放政治”,从毛泽东的解放教育实践讲起,指出解放教育学的真谛在于“教育即解放”,从而奠定高等教育政治学之“解放政治哲学”的基调。

第二讲“中国共产党治理高等教育的百年回望”,表达出政党与高等教育的关系,揭示出“中国共产党治理高等教育的发展史就是一部高等教育解放史”的核心观点,特别是“一部高等教育治理理念的思想解放史”。

第三讲“课程思政:课程与政治的有机结合”,第四讲“课堂教学:一场‘静悄悄的革命’”,第五讲“导师权力:权力政治的微观表达”,着眼于高等教育政治学的微观领域,分别探讨课程思政、课堂教学、导学关系中的政治元素。其中,课程思政体现出课程与政治的关系,在本质上是一种知识政治;课堂教学改革体现出传统课堂与立体课堂的关系、传统教学与创新教学的关系,这场“静悄悄的革命”说到底是一场自我革命;导学关系体现为导师与研究生之间的关系,但背后却隐含着一种微观权力。复杂的关系之中都蕴含着解放诉求,而这种解放实践要么通过外部“唤醒”实现,要么通过自我“觉醒”实现,但归根结底需要自我解放的力量与勇气。

第六讲“大学战略规划中的政治意蕴”,第七讲“大学内部治理中的‘校

① 博克.走出象牙塔:现代大学的社会责任[M].徐小洲,陈军,译.杭州:浙江教育出版社,2001.

② 布鲁贝克.高等教育哲学[M].3版.王承绪,郑继伟,张维平,等译.杭州:浙江教育出版社,2001:13-18.

③ 库恩.科学革命的结构[M].金吾伦,胡新和,译.北京:北京大学出版社,2003:85-100.

院关系'”,第八讲“高校办学自主权中的法治逻辑”,着眼于高等教育政治学的中观领域,分别探讨大学战略规划中的政治意蕴、大学内部治理中的“校院关系”、高校办学自主权中的法治逻辑。其中,大学战略规划之中蕴含着政治逻辑、市场逻辑和教育逻辑的网络交织,表现出现实主义、新自由主义和社会建构主义这三种不同政治哲学与政治文化的冲突、妥协与交融;大学内部治理中的“校院关系”显在化表现为学校与二级学院之间的关系,却在“统一集权”与“纵向分权”之间隐含着权力的拉扯;高校办学自主权主要体现为政府、高校与社会之间的关系,表达的是“公权力”与“私权利”之间的纠葛,蕴含着权力政治的现实与法治化诉求。这些权力政治背后潜藏着各式各样的斗争实践与斗争形式。如果说“权力”在高等教育政治学中是浓墨重彩的地方,那么“解放”就是一种“留白性存在”。

第九讲“双一流”政策与中国特色现代大学制度的互动,第十讲高等教育强国建设与高等教育公平的互动,第十一讲“一带一路”倡议与区域高等教育国际化的互动,着眼于高等教育政治学的宏观领域,分别着眼于“双一流”政策与中国特色现代大学制度的互动关系、高等教育强国建设与高等教育公平的互动关系、“一带一路”倡议与区域高等教育国际化的互动关系,从关系视角侧重分析“政治中的高等教育”,试图从制度设计、公平理念、战略行动上解除可能存在的制度束缚、理念束缚以及空间束缚等,将高等教育从传统思维与固有模式之中解放出来。

第十二讲中国高等教育何以崛起的政治解读,通过“周期论”“依附论”“超越论”以及“对话论”四种学术论述的分析,来分析中国高等教育与世界高等教育的关系,站在服务中华民族伟大复兴的全局高度来认识高等教育崛起的重要意义及其路径。这是中国语境下高等教育“解放政治”的崇高理想与伟大梦想。

概言之,“关系”是贯穿《高等教育政治学十二讲》的一条明线,比如,政党与高等教育的关系、政策与高等教育的关系、政府与高校的关系、学校与二级学院的关系、行政权力与学术权力的关系、课程与政治的关系、导师与研究生的关系等,而“解放”则是在这复杂关系网络之中的“纽结”。

总而言之,高等教育政治学是一门富有魅力的交叉学科,这不仅源于高等教育学自身所具有的包容性，也缘于政治学由内而外所散发出来的学科气质。两个学科的相遇应该而且能够产生意想不到的化学反应，即高等教育政治学是两个学科的“化合物”，而绝非“混合物”，从而既拓宽了高等教育学的学术视野，也丰富了政治学的应用范围。即便如此，笔者必须坦陈的是，本书无意也不敢奢求构建完整的高等教育政治学教材体系，也很难做到在高等教育政治学的某个议题上进行“深描”，不过是把自己与合作者近年来倾注心血阅读、思考、写作的内容敬呈出来，求教于方家。

第一讲
解放教育学先驱与解放政治

解放教育学是 20 世纪最具影响力的教育思想之一,主张"教育即政治""教育即人性解放",开创了以行动为特色的教育思想。中国人民的伟大领袖毛泽东一生致力于个性解放、妇女解放、民众解放、民族解放和所有受压迫人民解放等教育实践,极大地丰富了中国教育思想内涵,也奠定了他在解放教育学发展史上的先驱地位。

历史不强求每一位政治人物都具有教育思想家的才华,可历史更钦佩一位伟人具有独领风骚的教育手笔。① 毛泽东就是这样一位罕见的历史人物。美国学者约翰·霍金斯(John N.Hawkins)评价道:"毛泽东一生对于教育投入了极大的关注,他对教育的关心在许多大政治家中都是独树一帜的。要想了解中国现代教育,就无法离开对毛泽东教育思想与实践的了解。"②毛泽东教育思想集中表现在他对解放教育学的贡献上,他是当之无愧的解放教育学先驱,是解放政治的坚定践行者。

一、解放教育学的基本旨趣

人类历史同时也是人类解放(自由)的历史。③ 解放教育学所关注的人性解放问题,也是古希腊博雅教育、文艺复兴之后兴起的人文主义所关注的主题。而解放教育学真正成为世界上具有影响力的教育理论是在 20 世纪六七十年代,以巴西教育家保罗·弗莱雷(Paulo Freire)(1921—1997 年)的

① 张聪.毛泽东早期反抗教育思想来源研究[D].长春:东北师范大学, 2012: 2.
② 丁钢.中国教育的国际研究[M].上海:上海教育出版社,1996:162-167.
③ 彭正梅.解放和教育:德国批判教育学研究[M].上海:华东师范大学出版社, 2008:15.

《被压迫者教育学》一书问世为标志。弗莱雷被美国著名左派知识分子斯坦利·阿罗诺维茨(Stanley Aronowitz)看作"自赫尔巴特、杜威以来,教育理论史上'第三次革命'的开创者和实施者"。弗莱雷提出了"教育即解放"的观点,诠释了"解放是一种行动"的见解,提出了"教育即政治"的主张,从而形成了较为系统的解放教育理论。

(一)人性化——教育走向解放的哲学立脚点

尽管从时间上看,弗莱雷在他学术生涯的后期才提出了"教育即政治"的主张,但在理论逻辑上,它是解放教育学思想的哲学基础,这在其人性观中可以找到证据。"从价值论的观点来看,人性化问题一直是人类的中心问题","非人性化是对人成为更完美的人的使命的扭曲","人性不完美迟早会导致被压迫者起来,与那些使他们变得不完美的人作斗争"。[①] 由此,弗莱雷赋予人性发展以"解放"的内涵。基于这种人性观,弗莱雷将压迫的本质归结为"主体客体化"[②]。"解放"就是要突破黑格尔所谓的"主奴结构"[③]的历史循环,从而达致一种民主平等的"主体间性"。需要注意的是,弗莱雷将"解放"的起点与终结的承诺都诉诸人性的普遍觉醒[④],这种觉醒可能来自外界唤醒,也可能来自自我觉醒。

弗莱雷指出:"教育的全部活动在本质上都是政治的。政治不是教或学的某一个方面。不管教师和学生是否承认他们的工作和学习的政治性,教育的所有形式都是政治的。"[⑤]就此来看,弗莱雷看到了教育的文化与阶级再生产功能,这与批判教育学观点颇为相似,但以美国阿普尔(Michael W. Apple)为代表的批判教育论者陷入了悲观主义,而弗莱雷则是一位乐观主

---

① 弗莱雷.被压迫者教育学[M].顾建新,赵友华,何曙荣,译.上海:华东师范大学出版社,2001:1.

② 李育球.解放教育何以可能:保罗·弗莱雷教育思想的解读[J].教育学报,2010(3):20-25.

③ 黑格尔.精神现象学:上卷[M].2版.贺麟,王玖兴,译.北京:商务印书馆,1979:127.

④ 罗岗."主奴结构"与"底层"发声:从保罗·弗莱雷到鲁迅[J].当代作家评论,2004(5):117-130.

⑤ SHOR I, FREIRE P. A pedagogy for liberation: Dialogues on transforming education[M]. Massachusetts: Bergin & Garvey Publishers, 1987:48.

义者，他将教育作为挑战现实压迫与不公正秩序的利器，从而他的解放教育学也被称为“希望教育学”。

（二）批判意识——教育走向解放的根本出发点

解放教育就是被压迫者的教育，就是被压迫者意识到自己被压迫的现实，在弗莱雷那里称为“觉悟”，即不断反思自己对于压迫者的依附态度，克服因受压迫而产生的压迫“欲望”①，进而通过自己的努力或联合斗争以挣脱绑缚的枷锁。在弗莱雷看来，批判—觉悟—行动—解放，是一个连贯的、相融的社会历史的过程。

弗莱雷将“觉悟”看作一种历史的介入。他认为：“没有历史的介入，也就没有觉悟。因而，觉悟是一种历史性意识，是批判地介入历史。”②进言之，在介入历史行动之前以及过程之中，解放的行动离不开批判性意识。那么，我们需要在两方面时刻保持批判性的反思精神：其一为受压迫的社会现实、深层制度与结构；其二为被压迫者的“人性二重性”。所谓“人性二重性”就是“对自由既向往又惧怕，对权力既怨恨又执迷”③。因为被压迫者“他们同时既是自身又是内化了压迫者意识的压迫者”④。因此，解放的教育就是觉悟的教育，就是具有批判性意识的教育，一种怀有挑战传统社会秩序抱负的教育。

（三）提问式教育——教育走向解放的核心关注点

弗莱雷在《被压迫者教育学》一书中对传统教育模式进行了无情的批判：“讲解把学生变成了‘容器’，变成了可任由教师‘灌输’的‘存储器’……

① 在弗莱雷看来，在斗争的初始阶段，被压迫者往往不是为了解放而进行斗争，而几乎是为了获得压迫者或次压迫者的地位，这正是黑格尔一再强调的“主奴结构”的社会循环。弗莱雷认为，这种斗争并不是真正解放意义上的行动。

② 黄志成.被压迫者的教育学：弗莱雷解放教育理论与实践[M].北京：人民教育出版社，2003：42.

③ 江发文.被压迫的底层与底层的解放：读保罗·弗莱雷的《被压迫者教育学》[J].社会学研究，2009(6)：226-238.

④ 弗莱雷.被压迫者教育学[M].顾建新，赵友华，何曙荣，译.上海：华东师范大学出版社，2001：5.

于是,教育就变成了一种存储行为。学生是保管人,教师是储户。”①这种“储蓄式教育”(banking education)的潜在预设是:教师是无所不知的,学生是绝对的无知者,知识是教师对学生的一种恩泽,从而灌输成为一种必然,同时灌输式教育也就获得了其存在的合法化基础。这种教育方式脱离了学生经验与现实情境,从而变成了冠冕堂皇的言辞,而不具有改造的力量。②受法兰克福学派马尔库塞的影响,弗莱雷认为,传统教育将被内化了的压迫者意识完全“物化”,使得师生关系紧张甚至趋于对立,教育活动也变成了死气沉沉、可有可无的可怜之物。

在猛烈批判传统教育的基础上,弗莱雷提出通过“提问式教育”(problem-posing education)改变学生受压迫的现实。与“储蓄式教育”不同,“提问式教育”是建立在民主、平等基础上的互动交流,而不是垂直式的命令。这种教学方式打破了传统教育对知识的认知,也祛除了教育对静态知识的迷恋,从而砸碎了压迫者权威意识作祟的美梦,最终将学生从被压迫的客体转变为自我解放的主体。正因如此,弗莱雷指出:“真正的思考,即是对现实的思考,不是发生在孤立的象牙塔中,而只能通过交流才能产生。”③

(四)反思性行动——教育走向解放的归宿点

尽管弗莱雷是一个基督教徒,但他极不赞同依靠上帝来获得拯救、迈向解放。他认为:“这是一种消极的神学,获得幸福是我们的目标。从现在起,我们就应要获取,而不是永远地等待。”④在马克思主义实践观的影响下,弗莱雷认为:“解放是一种实践:是人民为了改造世界而对世界采取的行动和

① 弗莱雷.被压迫者教育学[M].顾建新,赵友华,何曙荣,译.上海:华东师范大学出版社,2001:24-25.

② 弗莱雷.被压迫者教育学[M].顾建新,赵友华,何曙荣,译.上海:华东师范大学出版社,2001:24.

③ 弗莱雷.被压迫者教育学[M].顾建新,赵友华,何曙荣,译.上海:华东师范大学出版社,2001:28-29.

④ TORRES NOVOA C A. La Praxis educativa de Paulo Freire[M].México: Ediciones Gernika, 1978:112.

反思。"[1]其中,行动和反思是密不可分的,行动之中包含着反思,反思中孕育着行动,而且带有批判性质的反思本身也是一种行动。[2] 在这一过程中,革命领袖只有与人民一道,通过"合作、团结、组织和文化合成"[3],才能真正实现政治解放。

总体而言,解放教育学是一种反对压迫的教育理论,解放教育是一种竭力改造社会的教育实践。作为教育理论,解放教育学猛烈抨击传统教育的弊端,提倡采用"提问式教育"以培养学生的批判意识。作为教育实践,解放教育直面教育的政治性,将教育作为实现被压迫者真正解放的有效手段。

二、毛泽东的解放教育思想

运用解放教育学的视角进行观察,则可以令人惊叹地发现,毛泽东的教育思想不仅包含解放教育学的全部真谛,而且有着更为丰富的实践内容。

(一)个性解放教育——从反封建家长制开始

毛泽东在少年时期就表现出极强的个性独立意识,敢于公然向父亲、私塾老师以及宗族族长发起挑战,这在当时的社会背景下是罕见的。

1.对父亲权威的"反叛"

毛泽东的反抗精神和后来的解放意识,与其父亲毛顺生的权威有着直接关联。正如美国著名汉学家白鲁恂(Lucian Pye)所言:"中国儿童从小第一次对于权威的感知和对于'政治'的体验就是严厉和全能的父亲形象。"[4]毛泽东的父亲就具有这样的特点。正因如此,他从小与父亲的关系就比较紧张。最典型的就是毛泽东 13 岁那年的一件事——"有一次我父亲请了许

① 弗莱雷.被压迫者教育学[M].顾建新,赵友华,何曙荣,译.上海:华东师范大学出版社,2001:30.

② 弗莱雷.被压迫者教育学[M].顾建新,赵友华,何曙荣,译.上海:华东师范大学出版社,2001:73.

③ 弗莱雷.被压迫者教育学[M].顾建新,赵友华,何曙荣,译.上海:华东师范大学出版社,2001:102-115.

④ 翟韬.家庭教育与中国革命:白鲁恂对中国政治的"另类"解读[J].文化纵横,2009(8):106-113.

多客人到家里来，我们两人在他们面前争论了起来。父亲当众骂我懒而无用，这激怒了我。我骂了他，就离开了家。母亲追上前来，竭力劝我回去。父亲也赶来，一边骂一边命令我回去。我跑到一个池塘旁边，恫吓说如果他再走近一步，我就要跳下去……父亲坚持要我磕头认错。我表示如果他答应不打我，我可以跪一条腿磕头。”①

后来，毛泽东回忆道：“战争就这样结束了。我从这件事认识到，我如果公开反抗，保卫自己的权利，我父亲就软下来；可是如果我仍温顺驯服，他反而打骂我更厉害。”②这是他与父亲发生的一次“正面冲突”，也是向父权社会发起的一次直接挑战。这个事件发生虽然有其偶然性，“这归根结底是由父亲的坏脾气惹起的理所当然的抗拒”③，但这确实也彰显了少年毛泽东初步的“反叛意识”。

与父亲形成鲜明对比的是，母亲具有博爱淳朴的风范，对少年毛泽东产生了积极影响。毛泽东母子经常周济贫困，但屡屡遭到父亲反对。④ 毛泽东对父亲的反抗策略也发生了变化，并初步构建了自己的反抗模式：“我到了十三岁的时候，发现了一个同我父亲辩论的有效办法，那就是用他自己的办法，引经据典⑤地来反驳他。父亲喜欢责备我不孝和懒惰，我就引用经书上长者必须仁慈的话来回敬。”⑥尽管他憎恶父亲，但是父亲的“严厉、勤奋、实干、执着的上进心和对空洞理论的不关心”⑦，都被毛泽东继承下来，为后来务实的革命精神奠定了基础。

2.对教师权威的“挑战”

如果说对父亲的反抗是一种本能叛逆，那么毛泽东对教师权威的挑战

---

① 肖特.毛泽东传[M].仝小秋，杨小兰，张爱茹，译.北京：中国青年出版社，2004：30.

② 斯诺.西行漫记[M].董乐山，译.北京：生活·读书·新知三联书店，1979：108.

③ 竹内实.毛泽东传记三种[M].韩凤琴，张会才，译.北京：中国文联出版社，2002：6.

④ 斯诺.西行漫记[M].董乐山，译.北京：生活·读书·新知三联书店，1979：107.

⑤ 有一次，毛顺生因山林纠纷与人打官司，对方引经据典，把无理说成有理。毛顺生有理说不清，眼睁睁让人家占去一片山地。这也是毛顺生一度让毛泽东学习四书五经的重要缘由。毛泽东采用“引经据典”策略即与此事有关。

⑥ 斯诺.西行漫记[M].董乐山，译.北京：生活·读书·新知三联书店，1979：107.

⑦ 竹内实.毛泽东传记三种[M].韩凤琴，张会才，译.北京：中国文联出版社，2002：6.

则是一种自觉意识的萌芽。毛泽东八岁进入一所私塾学习四书五经，启蒙老师是邹春培，但那时的毛泽东对这些内容并不感兴趣。[①] 毛泽东之所以对儒学较为反感，主要是因为“孩子们被要求鹦鹉学舌般地大声朗读那些晦涩的陈词老调，他们摇头晃脑宛如念经的和尚”[②]，所以他对经书里有关秩序和礼仪的清规戒律，要求人们无条件盲从表现出不满。这种不满使得毛泽东开始接触一些其他的书籍。美国记者埃德加·斯诺（Edgar Snow）的《西行漫记》一书中记载道：“我爱看的是中国旧小说，特别是关于造反的故事……这位老先生讨厌这些禁书，说他们是坏书。我常常在学堂里读这些书，老师走过来的时候就用一本正经书遮住。”[③]

邹春培也和当时许多塾师一样，教学生背诵那些晦涩难懂的古书。背诵时，邹春培老师正襟危坐、神情严肃。学生背着他站立，气氛相当紧张。初入学的儿童望而生畏，往往已熟读的课文也吓得背不出来。轮到毛泽东背书时，他不按规矩肃立，依然端坐在自己的课桌上。邹先生责问他：“为什么不站起来？”他回答道：“你是坐着的，我也要坐着背。”[④]

由此可见，当时中国传统教育的典型模式是：教学内容晦涩难懂，教学方法（背诵加体罚）单调刻板，教师维护师道尊严，师生关系非常紧张乃至对立。这种传统教育模式决不容许“被压迫者”有丝毫反抗。但少年毛泽东是个例外，“你是坐着的，我也要坐着背”，这是毛泽东平等意识觉醒的反映。另一则“逃学”事例也以成功而告终[⑤]，但有一次因为上课偷读《水浒传》被先生赶出了私塾[⑥]。

3.对宗族权威的“反抗”

1910 年，那年毛泽东 17 岁，长沙饥民发生暴动，同样的事例也发生在其他地方。此时，毛泽东开始用行动为受压迫者抗争。

---

① 特里尔.毛泽东传[M].胡为雄，郑玉臣，译.北京：中国人民大学出版社，2006：6.
② 特里尔.毛泽东传[M].胡为雄，郑玉臣，译.北京：中国人民大学出版社，2006：7.
③ 斯诺.西行漫记[M].董乐山，译.北京：生活·读书·新知三联书店，1979：108.
④ 汪澍白，张慎恒.毛泽东早期哲学思想探原[M].北京：中国社会科学出版社，1983：17.
⑤ 斯诺.西行漫记[M].董乐山，译.北京：生活·读书·新知三联书店，1979：106.
⑥ 黄丽镛.毛泽东读古书实录[M].上海：上海人民出版社，1994：19-21.

长沙饥民暴动虽被镇压,但暴动的余波仍在冲击着湖南各地,韶山也出现了“吃大户”的风潮。当时,韶山农民同样缺吃,而毛氏家族族长毛鸿宾却把族上的积谷一百多担私下高价卖给米商,牟取暴利,被族人发觉。外号“花脸”的佃农毛承文领头,要求开仓平粜。毛鸿宾倚仗权势,将“花脸”捆绑起来,召集全族老小,打开祠堂门,准备对毛承文进行惩罚。贫苦的族人见此情形都愤愤不平。这时,血气方刚的毛泽东闻讯赶到祠堂,当众列举事实,指出违犯族规的不是要求平粜的毛承文,而是私卖积谷的毛鸿宾。经过大家辩论,支持毛承文的越来越多。毛鸿宾理屈词穷,最终被迫松了毛承文的绑,并答应交还私自卖出的积谷。这件事使族长的权威受到沉重打击,毛泽东也因此在韶山冲一带出了名。①

在弗莱雷那里,“觉悟是意识上的批判的发展”,“觉悟是一种历史的介入”。1913—1918 年,毛泽东在湖南省立第一师范学校(1913 年至 1914 年在湖南省立第四师范学校,1914 年第四师范学校合并到第一师范学校)学习,不仅广泛涉猎传统儒家各派思想,也开始接触新康德派、新黑格尔派等西方哲学思想,此时思想的激荡促进他思想快速成长。此时,他还积极参加社会政治活动,密切关注社会形势发展,悉心探寻拯救国家和改造社会的道路。②

(二)妇女解放教育——从封建礼教中解放出来

妇女解放是毛泽东最早关注的社会问题,也是持续关注的问题之一。“很难找到这样的例子,即一个现代的国家领导人在政治舞台上崛起前会对妇女参与社会的公正问题有如此持久的关注。”③之所以如此,这与他的亲身经历密切相关。毛泽东 14 岁那年,父母为其包办婚姻一事令他深恶痛

① 汪澍白,张慎恒.毛泽东早期哲学思想探原[M].北京:中国社会科学出版社,1983:15-16.

② 汪澍白,张慎恒.毛泽东早期哲学思想探原[M].北京:中国社会科学出版社,1983:61-68.

③ 帕思娜卡.绿色政治时代中的毛泽东与妇女问题:一些批判性反思[J].张孝芳,译.湖南科技大学学报(社会科学版),2005(4):22-28.

绝。[①] 但对他内心震动最大的还是1919年发生的“赵五贞自杀事件”[②]。长沙《大公报》为此先后发表了20多篇文章。毛泽东在12天中连续发表9篇文章[③],强烈抨击封建礼教对女性的压迫与残害,指出赵五贞的自杀根源于黑暗的社会制度,并号召人们向“吃人”的旧社会发起进攻。1927年,他在撰写的《湖南农民运动考察报告》一文中提出了著名的“四权理论”,认为女子除了与男子同受政权、族权、神权三种权力的支配以外,还受男子的支配(夫权)。[④] 自此,他开始把妇女解放同民族解放联系在一起,并认为“劳动妇女的解放与整个阶级的胜利是分不开的,只有阶级的胜利,妇女才能获得真正的解放”[⑤]。

除了在妇女解放思想上的探索,毛泽东还以极大热情投入妇女解放教育实践。他极力主张通过加强教育宣传和举办女子学校的途径推动妇女的觉醒,其中最为典型的当数苏区妇女解放教育运动。[⑥] 毛泽东亲自分派干部在福建闽西苏维埃根据地建立了8所女子学校和女子培训班。不久,福建各个地方都开始建立起女子学校和训练班。[⑦] 有史料记载,在江西兴国县1 000多个夜校的15 740名学生中,妇女竟达10 752人,约占70%。识字组员22 519人中,妇女达13 519人,占60%。[⑧] 在创办苏维埃干部学校的计划

---

① 陈廷一.毛氏三兄弟:三兄弟与共和国奠基[M].北京:东方出版社,2004:25-27.

② 1919年11月14日,长沙发生了一起轰动全城的“赵五贞自杀事件”。赵五贞,长沙市南阳街眼镜作坊赵某之女,年方21岁,“颇知书识字”。经父母包办,被许配给长沙柑子园古董商吴某之子为妻。赵五贞极不满意这桩婚事,多次反抗无果,故于出嫁之日,在花轿中割颈自杀,史称“赵五贞自杀事件”。请参考:唐娅辉.赵五贞事件与毛泽东早期妇女解放思想[J].史学月刊,1988(2):54-58.

③ 丁娟.试述毛泽东关于中国妇女解放道路的思想[J].妇女研究论丛, 1993(4): 8-12.

④ 毛泽东.毛泽东选集:第1卷[M].2版.北京:人民出版社,1991:31.

⑤ 中华全国妇女联合会.毛泽东　周恩来　刘少奇　朱德　论妇女解放[M].北京:人民出版社,1988:51.

⑥ 袁旭川.论新民主主义革命时期毛泽东妇女解放思想的两次转变[J].毛泽东思想研究,2011(1): 67-70.

⑦ 帕思娜卡.绿色政治时代中的毛泽东与妇女问题:一些批判性反思[J].张孝芳,译.湖南科技大学学报(社会科学版),2005(4):22-28.

⑧ 江西省妇女联合会,江西省档案馆.江西苏区妇女运动史料选编(1927—1935)[C].南昌:江西人民出版社,1982:173.

中,要求妇女参加人数达到 1/3。[①] 不仅如此,苏区还把妇女教育与号召妇女自我解放结合起来,实行自我革命;把妇女教育同改革封建婚姻制度结合起来,实行家庭革命;把妇女教育与批判封建社会制度结合起来,实行社会革命。从自我革命到家庭革命再到社会革命,层层推进、环环相扣。总之,妇女解放教育运动开展的根本目的在于促进广大妇女的觉醒,进而认识到自身受压迫的地位,最终投入自我解放和民族解放的大潮之中。

(三)大众解放教育——从蒙昧状态中解放出来

因为妇女问题非常独特,故专门论述,但它也属于大众解放教育的一部分。不过,这里的“大众”专指处于社会底层的工人和农民。毛泽东还在湖南省立第一师范学校读书时就不无感慨地说:“依据国家状况,社会中坚力量实是大多数的工人和农民,但他们没有机会受到教育,觉悟不能提高,知能不能增进,问题实在太严重了!”[②]当时的中国该何去何从,仁人志士发出了自己的呼喊,晏阳初把中国的问题归结为“愚、贫、弱、私”,并寄希望于平民教育促成劳苦大众的觉醒与解放。此时,受到各种思想冲击的毛泽东也一度有“教育救国论”的思想倾向。

与晏阳初不同的是,毛泽东在早年把平民教育的重心放在了工人教育方面。1917 年秋天,毛泽东被推选为湖南省立第一师范学校学友会总务兼教育研究部部长,他倡议在一师的附属初级小学内创办工人夜学,吸收附近的穷苦工人入学。当时的夜学招生广告写得非常通俗生动。[③] 1921 年 8 月中旬,毛泽东等人在长沙创办了湖南自修大学。他起草的湖南自修大学《组织大纲》和《创立宣言》写道:“自修大学为一种平民主义的大学,研究各种学术,并注意劳动,求知识与劳力两阶级之接近。”[④]湖南自修大学的入学须知上这样写道:“我们的目的在改造现实社会。我们的求学是求实现这个目

---

① 江西省妇女联合会,江西省档案馆.江西苏区妇女运动史料选编(1927—1935)[C].南昌:江西人民出版社,1982:105.

② 湖南人民出版社.五四运动在湖南 回忆录[M].长沙:湖南人民出版社,1979:108.

③ 毛泽东.毛泽东早期文稿[M].2 版.长沙:湖南出版社,1995:94.

④ 金冲及.毛泽东传 1893—1949(上)[M].北京:中央文献出版社,1996:79.

的的学问。”[①]这就说明毛泽东开展的平民教育的核心要旨在于使学生“养成健全的人格，剪涤不良的习惯，为革新社会的准备”[②]，为民族解放服务。

1926 年，毛泽东在广州第六届农民运动讲习所担任所长，从事培养农民运动骨干的教育。抗日战争时期，毛泽东将群众教育的工作重点转移到了农村。在教育原则上，毛泽东主张采取灵活多样、符合农民生活实际、自主自愿、树立典型、物质嘉奖等原则开展教育活动。[③] 各抗日根据地纷纷兴起办学的高潮，冬学、读报识字组、夜校等如雨后春笋般地涌现。毛泽东主张在教学内容上要非常讲究实用[④]，在教学方法上，“教员要根据学生的情况来讲课。教员不根据学生要求学什么东西，全凭自己教，这个方法是不行的。教员也要跟学生学，不能光教学生”[⑤]。不得不说，毛泽东强调学习者主体地位的教育思想与杜威的教育精神是一致的[⑥]，后来弗莱雷的扫盲教育运动也与此有诸多相似之处。

（四）干部解放教育——为了锻造解放的革命斗士

解放实践的成功必定离不开革命的斗士，毛泽东在干部教育方面也做出了许多创举，其中最值得称赞的当数中国人民抗日军事政治大学（简称“抗大”），美国记者斯诺将其称为世界上唯一的“窑洞大学”。1936 年 6 月 1 日，时名“中国人民抗日红军大学”的抗大在陕北瓦窑堡（今子长市）举行开学典礼，但在 7 月就遭到国民党反动派的偷袭，学校被迫迁到了保安县（今志丹县），学员们把山崖上供奉元始天尊的石洞改造成校舍。毛泽东在一次讲课的时候幽默地说：“你们是过着石器时代的生活，学着当代社会最先进的科学——马克思列宁主义，你们是元始天尊的弟子，在洞中修炼，什

---

① 金冲及.毛泽东传 1893—1949（上）[M].北京：中央文献出版社，1996：79.

② 金冲及.毛泽东传 1893—1949（上）[M].北京：中央文献出版社，1996：79.

③ 中共中央文献研究室.毛泽东文集：第 3 卷[M].北京：人民出版社，1996：116.

④ 中共中央文献研究室.毛泽东文集：第 3 卷[M].北京：人民出版社，1996：116.

⑤ 中共中央文献研究室.毛泽东文集：第 3 卷[M].北京：人民出版社，1996：116.

⑥ 1920 年 10 月，美国学者杜威来长沙讲演，当时毛泽东应报社之邀任记录员，事后他这样评价杜威的教育思想，“新出之教育学说，颇有研究之价值”。请参见：毛泽东.毛泽东早期文稿[M].2 版.长沙：湖南出版社，1995：496.

么时候下山呢？天下大乱，你们就下山！”[①]这一席话给学员们莫大的鞭策。1937 年 1 月 21 日，抗大第二期在延安开学。1937 年 3 月，毛泽东为抗大同学会成立题词——“坚定正确的政治方向，艰苦朴素的工作作风，灵活机动的战略战术”，并把它作为抗大的教育方针规定下来。1937 年 4 月，抗大形成了自己特有的校风——“团结、紧张、严肃、活泼”。

在抗大办学期间，毛泽东创立了启发式、研究式、实验式以及“活”的考试等教学方法，这在当时乃至今天都是非常先进的。毛泽东竭力反对注入式教学，坚决主张采取启发式教学。他认为，注入式教学的根本特点就是“灌”，即把书本上的现成知识灌给学生，这样就容易束缚学生的个性发展。所以，毛泽东每次给抗大学员讲课，都列举大量生动的实例，如西安事变发生后，毛泽东以“毛驴上山”做比喻阐明“逼蒋抗日”的道理。毛泽东操着浓重的湖南口音说：“让毛驴上山有三个办法：一拉、二推、三打。蒋介石是不愿意抗日的，我们就采取对付毛驴的办法，拉他，推他，再不干就打他。西安事变就是这样。但是驴子是会踢人的，我们又要提防他，这就是既联合又斗争。”[②]这些精辟见解和形象比喻使广大学员豁然开朗。这种启发式教学强调学生的主体地位、师生之间的平等交流，有助于激发学生学习的主动性和创造性。这与弗莱雷的“对话式教育”有异曲同工之妙。

(五)知识分子思想解放教育——关于世界观“改造”的实践

知识分子是民族走向解放过程中的一个特殊群体。毛泽东运用马克思主义的阶级分析法对其特殊性进行了详细论述。一方面，中国知识分子同样受到帝国主义、军阀、封建地主、买办大资产阶级的压迫和剥削，因而具有很强的革命性，而且他们是中国民主革命中首先觉悟的成分，在中国革命中起着先锋和桥梁的作用，因此需要“团结”；另一方面，因为他们带有小资产阶级和民族资产阶级的习气，有时对待革命又具有一定的动摇性，因此需要“改造”。所以，知识分子既是解放的先锋又是解放的对象。从抗日战争时

① 张伟.抗大教育长罗瑞卿[N].人民政协报,2008-08-28(06).

② 何长工.难忘的岁月[M].北京:人民出版社,1982:159.

期、解放战争时期到新中国成立后，党对待知识分子坚持一贯的政策，“第一是团结，第二是批评、教育和改造”①，只不过在不同时期的具体要求有所不同而已。

在思想改造内容上，毛泽东概括为三点：一是立场的转变。即通过思想改造确立正确的政治立场、政治方向、政治态度，解决为谁服务的问题，亦即解决“一条心”还是“两条心”“半条心”的问题②。二是思想感情和思想意识的转变。因为知识分子有一种气味，就是“不愿到农村中去，轻视农村”③，所以要通过思想改造克服知识分子的那些缺点和不良习气，确立热爱工农大众的思想感情。三是世界观的转变。毛泽东说：“这些人，如果不把过去的一套去掉，换上无产阶级的世界观，就和工人农民的观点不同，立场不同，感情不同，就会同工人农民格格不入。”④因此，知识分子要通过思想改造确立马克思主义的世界观，增强为工农大众服务的自觉性。

在具体改造方法上，第一，学习马克思主义；第二，投身革命和建设实践，向工农群众学习；第三，开展批评和自我批评。毛泽东说：“批评和自我批评的方法就是自我教育的基本方法。”⑤对知识分子的思想改造极大地激发了他们投身民主革命和国家建设大潮的积极性，但操作失误后也会挫伤相当一部分知识分子的革命热情。

（六）学校教育的解放——从“分数崇拜”中解放出来

新中国成立后，如何进行教育改革一直是毛泽东关注的核心问题。他在 1964 年指出，不要把分数看重了，要把精力集中在培养分析问题和解决问题的能力上，不要只是跟在教员的后面跑，自己没有主动性。教改的问题，主要是教员问题。教员就那么点本事，离开讲稿什么也不行。为什么不把讲稿发给你们，与你们一起研究问题？高年级学员提出的问题，教员能回

① 毛泽东.毛泽东论教育[M].3 版.北京：人民教育出版社，2008：207.

② 毛泽东.毛泽东选集：第 5 卷[M].北京：人民出版社，1977：449.

③ 毛泽东.毛泽东选集：第 5 卷[M].北京：人民出版社，1977：306.

④ 毛泽东.毛泽东选集：第 5 卷[M].北京：人民出版社，1977：409.

⑤ 毛泽东.毛泽东选集：第 5 卷[M].北京：人民出版社，1977：371.

答出50%,其他就说不知道,和学员一起商量,这就是不错的了。不要装着样子去吓唬人。反对注入式教学法,连资产阶级教育家在五四时期就早已提出来了,我们为什么不反?只要不把学生当成打击对象就好了。教改的关键就是教员。毛泽东的一席话可谓针砭时弊,怎样将教师与学生从"分数崇拜"的思想束缚、评价制度中解放出来,以释放出更多的创造潜力,这个问题直到今天仍值得我们深思。

可以看出,毛泽东的解放教育思想贯穿在教育的各个方面。无疑,个性解放是其批判意识与解放精神产生的基础,妇女解放、大众解放、干部解放、知识分子思想解放和学校教育解放都是其解放教育实践的具体领域。不仅如此,毛泽东还关注到世界上受压迫人民的解放运动,"三个世界"理论就是具体体现,显然中国革命成功对第三世界人民的激励作用是巨大的。

三、毛泽东作为解放教育学先驱的地位

在毛泽东的教育实践活动中,无论是理论思考,还是实际行动,都蕴含着解放教育学的基本内涵,这说明他拥有毋庸置疑的解放教育学先驱的身份。

从理论上看,弗莱雷的解放教育思想建立在阶级分析的基础上,他将人群直接区分为压迫者和受压迫者,提出通过"对话""交流""批判""反思""行动"实现教育的解放,最终达致真正的人性解放。毛泽东用行动证明了压迫者和受压迫者的存在,从而展示了一个从个性解放到妇女解放、大众解放、民族解放和人类解放的解放实践图景,真实地体现了弗莱雷的"教育即政治"的逻辑。正如美国学者安德鲁·罗斯所言:"毛的教育思想与杜威和保罗·弗莱雷的教育思想的精神是很一致的。"[①]这一点也证明了弗莱雷解放教育思想与毛泽东的教育思想之间存在着内在的逻辑关系。

从时间上看,弗莱雷于1965年完成他的第一部著作《作为解放实践的教育》,在该书中,弗莱雷总结了扫盲教育的工作经验,提出了"解放教育"

① 罗斯.毛泽东对西方文化政治的影响[J].郑洛,译.国外理论动态,2007(8):21-24.

的思想。1969 年,弗莱雷到美国哈佛大学访学,实用主义哲学观使他对教育问题有了更加深入的思考。从美国归来后,他撰写并出版了《被压迫者教育学》,该书进一步系统阐述了其解放教育的思想体系。相比之下,毛泽东的解放教育思想早在 20 世纪 20 年代即"五四"前后就已经初步形成,比弗莱雷早了将近半个世纪。

从社会背景看,弗莱雷的解放教育思想产生于他所生长的不平等的社会环境。1949 年中华人民共和国成立对于广大的第三世界国家而言是一种莫大的鼓舞,极大地推动了亚非拉地区的民族解放运动。弗莱雷之所以深受古巴革命核心人物切・格瓦拉的影响,这与古巴的民族解放运动不无关系。因此,中国革命成功对弗莱雷解放教育思想也产生了巨大影响。

从理论渊源上看,毛泽东的解放教育思想早期深受中国顾炎武的"经世致用"、颜元的"习行哲学"、康梁的"主变哲学"、杨昌济的"英才教育"及西方的康德、黑格尔、罗素、杜威等人的思想的影响①,后来则主要受马克思列宁主义的影响。在中国革命成功之后,毛泽东思想开始影响世界,包括许多著名思想家,如法国哲学家萨特、阿尔都塞、罗兰・巴特和福柯等。② 如果仔细研究《被压迫者教育学》一书就会发现:弗莱雷解放教育思想的理论来源可谓"蔚为壮观",包括萨特的"意识与世界同在"、福柯的"规训"、黑格尔的"主奴辩证法"、马克思的阶级分析、胡塞尔的"背景直觉"、弗洛姆的"恋尸癖世界观"、格瓦拉的"革命是爱的行为"等。③ 由此推知,毛泽东思想通过萨特、福柯等思想家也影响了弗莱雷。不仅如此,弗莱雷还直接从毛泽东思想中汲取灵感。他说,他之所以钻研萨特和穆尼耶,埃里希・弗洛姆和路易・阿尔都塞,奥尔特加・加塞特和毛泽东,马丁・路德・金和切・格瓦拉,乌纳穆诺和马尔库塞④,就是为了用这些人的远见卓识来铸就一种真正

① 汪澍白,张慎恒.毛泽东早期哲学思想探原[M].北京:中国社会科学出版社,1983:27-179.

② 罗斯.毛泽东对西方文化政治的影响[J].郑洛,译.国外理论动态, 2007(8):21-24.

③ 江发文.被压迫的底层与底层的解放:读保罗・弗莱雷的《被压迫者教育学》[J].社会学研究, 2009(6):226-238.

④ 弗莱雷.被压迫者教育学[M].顾建新,赵友华,何曙荣,译.上海:华东师范大学出版社,2001:2.

属于自己并能对拉美的具体现实产生影响的教育观点。

综上所述,毛泽东的教育实践不仅是中国教育学发展的一份独特财富,而且为国际上解放教育学思想的产生确立了一个典范。因此,毛泽东作为解放教育学的先驱地位是值得肯定的。时至今日,毛泽东的解放教育学思想与其解放政治的一生依然闪耀光芒,对教育事业发展与变革具有根本指导意义。

解放教育学是一种致力于通过教育手段实现个体和社会解放的教育学说,它强调教育的批判性、反思性和变革性,旨在培养具有独立思考品质、批判精神和创新能力的学习者,从而推动社会的公正、平等和进步。解放政治是通过直接的政治行动或制度变革来实现社会解放的政治理念和政治活动,旨在消除社会中的不平等、压迫和歧视,实现全体公民的政治、经济和社会权利,达成一种良善的社会秩序。二者共同致力于实现社会的公正和平等目标,前者采取教育手段,后者采取政治手段,相互促进、相互依存。概言之,"解放"是政治学的重要议题(如思想解放、民族解放、人类解放),也是教育学的价值关怀(如心灵解放、个性解放),所以高等教育政治学不能回避"解放"!

第二讲
中国共产党治理高等教育的百年回望

走过了一个世纪的风雨历程，中国共产党勇担历史重任，在探索中奋斗，在开拓中进取，领导和团结全国各族人民战胜种种艰难险阻，走上了建设中国特色社会主义伟大事业的康庄大道。在中国共产党的坚强领导下，中国发生了天翻地覆的变化，经济建设取得了世界瞩目的成就，从一穷二白发展成为世界第二大经济体，国内生产总值突破百万亿元；社会主义民主政治建设取得了卓越成就，坚持党的领导、人民当家做主、依法治国有机统一，开创了中国政治建设的新格局；思想文化建设取得了重大进展，社会主义核心价值观凝心聚力，立德树人为中国教育铸魂，中国高等教育发展进入普及化阶段，跻身世界高等教育第一方阵。习近平总书记指出："百年征程波澜壮阔，百年初心历久弥坚。"中国共产党人的初心，就是为中国人民谋幸福。中国共产党创办和发展高等教育的百年历程，就是为人民办高等教育、办人民的高等教育、办人民满意的高等教育的真实写照①，人民性始终是中国共产党治理高等教育的价值轴心②。实事求是地说，中国共产党治理高等教育的百年历程，就是一部高等教育治理理念的思想解放史，我们从中可以深刻理解中国特色高等教育发展道路的核心要义，深刻体悟政党与高等教育发展之间的密切关系。

---

① 刘齐，张睦楚.中国共产党与中国高等教育的百年发展[J].重庆高教研究，2021(1)：12-24.

② 石中英.中国共产党关于教育性质问题的百年探索[J].重庆高教研究，2021(1)：3-11.

一、中国共产党治理高等教育的历史经验

百年以来，中国共产党创办新型高等教育和发展中国特色高等教育取得了历史性成就，这是中国共产党治理高等教育的宝贵经验。中国共产党是高等教育治理的领导者，并在百年以来致力于推进高等教育治理现代化，探索出了一条适应中国国情的、具有中国特色的高等教育强国之路：以独立自主为特征的“自治”、以整顿重建为特征的“政治”、以施策立法为特征的“法治”和以立德树人为特征的“德治”。四大治理经验特征并不是以单一形式存在的，而是在历史演进中螺旋式上升、波浪式前进，是马克思主义中国化进程中的经验积累，越是往后发展，治理经验就越具有累积性和交叉性特征。

（一）以独立自主为特征的“自治”

十月革命一声炮响，给中国送来了马克思列宁主义，开启了中国共产党领导下的马克思主义基本原理同中国具体实际相结合的历史进程。这一时期，中国历经新文化运动和五四运动的思想洗礼与革命热潮，落后、迷信、迂腐等思想受到猛烈的抨击与荡涤，国人思想获得空前解放。更为重要的是，中国早期先进分子已经意识到西方资产阶级道路在中国根本行不通，必须走一条能够适应中国国情的马克思主义之路。这为“南陈北李”筹备建党提供了现实基础与思想准备。中国共产党正式成立后，先后涌现出陈独秀、李大钊、瞿秋白等先进人物，这些共产党人也成为中国新民主主义革命的先行者。中国共产党的诞生是中华民族复兴史上开天辟地的大事件，标志着中国革命从此有了领导者、主心骨，中国进入了一个崭新的历史纪元。

中国共产党的成立使中国高等教育焕然一新。这一时期的高等教育治理主要是以马克思列宁主义为指导思想、以思想动员为内容、以“新民主主义革命”为需要的治理实践。1921 年 8 月，因严峻的革命形势急需大量革命后备人才，毛泽东、何叔衡等共产党人创立了湖南自修大学。这是中国共产党独立自主创办的第一所干部培训学校，是党在马克思主义中国化历程中开展高等教育实践的创举，是马克思主义基本原理与中国特殊革命形势相结合的产物，为中国革命培养与输送了包括毛泽东、何叔衡、罗学瓒、姜梦

周等在内的一大批高级干部人才。翌年10月,在国共合作的大背景下,中国共产党参与创办了上海大学。该大学吸引了国内进步青年和名师贤达,在为党育才和工人运动中发挥了重要作用,成为中国共产党领导下理论联系实际、知识分子团结工人阶级的教育大熔炉。[①] 自此,这所“红色高等学府”赢得了“北有五四时期的北大,南有五卅时期的上大”的美誉。

后来,随着国共关系的日益紧张,毛泽东就中华苏维埃共和国的文化教育指出,要用共产主义精神来教育广大的劳苦民众,让文化教育服务于革命战争和阶级斗争。[②] 这一教育总方针为中国共产党探索创办新型高等教育奠定了思想与政策基础。土地革命战争时期,中国共产党创办了苏维埃大学和马克思共产主义学校等,这些新型高等院校成为培养高、中级干部人才的摇篮。同时,作为中央苏区的最高学府,这些新型高等院校形成了理论联系实际、政府与学校联合办学、专业对口培养的办学模式,有力促进了高等教育满足中国革命的现实需要。

1937年,中国共产党领导下的高等教育实施了又一标志性举措,党中央决定创办陕北公学,第一所正规革命大学就此诞生。抗日战争时期,党中央提出要“实行抗战教育政策,使教育为长期战争服务”[③],进而创办了一批适应战争局势、为抗战服务的新型高等院校,其中就包括著名的中国人民抗日军事政治大学、华北联合大学、延安大学等。进入解放战争时期,这些新型高等院校仍然发挥着十分重要的作用。此时,党的教育方针要求团结“工农商学兵”,做好教育工作重心转移,即从农村转移到城市。

从历史梳理中发现,中国共产党的创立是新民主主义革命时期的一盏明灯、一团火焰。中国共产党是完全新式的、以马克思列宁主义为行动指南的工人阶级政党。这一政党从诞生时起就带有独立自主的鲜明底色,特别是在遵义会议后,真正进行了独立的革命实践,始终坚持独立思考、强化自主意识,坚持走自己的路。中国共产党奉行独立自主原则,是对中华民族优

---

① 吴越.上海早晨[M].上海:上海人民出版社,2019:15-18.

② 陈元晖,璩鑫圭,邹光威.老解放区教育资料:第1卷[G].北京:教育科学出版社,1981:28.

③ 中央档案馆.中共中央文件选集:第11册(1936—1938)[G].北京:中共中央党校出版社,1991:616.

秀品质的继承。在创办高等教育初期，中国共产党在民主革命斗争中，始终强调在独立自主的环境下开展高等教育活动，采取了一系列举措，如制定无产阶级教育方针、创办新型高等院校等。尤其是在日本侵略者和国民党反动派的双重打击之下，这些举措无不体现独立自主办学的“自治”特征。

综合来看，以独立自主为特征的“自治”是马克思主义中国化的实践肇始和理论开端，是中国共产党治理高等教育的基本特征。一是独立自主的办学思想。中国共产党坚持独立自主原则，根据革命的客观条件需要，以马克思主义思想为指导，创办各类革命性高等院校。二是独立自主的办学立场。中国共产党站在人民的立场上，开办利于学生运动、工人运动、革命斗争、阶级斗争的学校，以教育唤醒民众、促进革命。三是独立自主的办学行动。中国共产党依靠自己的力量，走自己的路，独立自主创办极具历史意义的新型高等院校。这种“自治”办学思想和实践源于《共产党宣言》和中国共产党人的斗争策略与原则，是毛泽东思想活的灵魂中“独立自主”灵活策略的体现。

（二）以整顿重建为特征的“政治”

1949 年，中华人民共和国成立，标志着中国人民从此站起来了，中国共产党的高等教育治理实践迈入新的历史阶段。1950 年出台的《关于高等学校领导关系问题的决定》强调，“全国高等学校以由中央人民政府教育部统一领导为原则”，包括外国提供津贴的高等学校在内的全国所有高等学校有条不紊地收归中央教育部领导。1952 年，中央人民政府对全国旧有高等学校进行全盘调整，彻底打破了民国遗留的英美高等教育体系，教会高校全部退出，这为治理高等教育谋划了道路。1953 年，我国高等教育管理体制开始学习和仿照苏联模式进行体系重建，强调对高等学校的集中统一领导，规定由中央教育部和一些业务部门分别直接管理高等学校。在上述政策指导下，高等学校基本上被纳入了中央教育部和中央政府其他有关业务部门的领导和管理，形成了“中央集权”“统一管理”“条块分割”的高等教育治理结构。

面对过度集权的负面影响，1958 年中共中央、国务院印发《关于教育事业管理权力下放问题的规定》,强调“必须改变过去条条为主的管理体制”和“加强地方对教育事业的领导管理”。1961—1965 年,我国经济社会发展面临重大挑战,党对高等教育的治理在“调整、巩固、充实、提高”八字方针指导下开展,旨在纠正“大跃进”对高等教育管理工作的影响。1963 年,中共中央、国务院颁布《关于加强高等学校统一领导、分级管理的决定(试行草案)》,再次明确提出要加强对高等学校的领导和管理,决定对高等学校实行中央统一领导、中央和省(自治区、直辖市)两级管理的制度,并对两级的分工做出了具体规定。

中华人民共和国成立之初,中国经济社会面临着重大变革和转型,同时还受到美国等西方国家以及国民党反动派的滋扰,因此这一时期党对各项工作的管理都采用整顿和重建的“政治”策略。这一时期,党领导下的高等教育治理变迁大致经历了三个阶段:(1)20 世纪 50 年代初期集权阶段。这一阶段全面学习苏联模式,强化党对高等教育的领导集权。(2)20 世纪 50 年代中期中央与地方分权阶段。这一阶段推行分级领导、扩大地方权力。(3)20 世纪 60 年代中期,中央部门与地方分工负责,上下结合、各负其责阶段。这一阶段地方部门虽取得一定管理权,但实则中央部门重新集权。[①] 总的来看,这一时期党中央对高校开始实行计划招生和计划分配,学校名称、课程设置、学术活动也都是统一安排,高校办学自主权十分有限。

中华人民共和国成立初期,面对一穷二白的经济社会,中国共产党急需进行战后恢复和重建工作,高等教育领域亦是如此。以整顿和重建为特征的“政治”无疑具有现实意义,主要表现在:(1)关闭国外教会学校。旧中国沦为半殖民地半封建社会后,大量国外教会涌入,假借教育之名传播宗教思想,阻挠学生参加革命,使得一些青年丧失了民族性、政治性和斗争性。因此,关闭、重组国外教会学校的政治意义重大。(2)打破英美教育体系。民国时期,国民党政府大力推行英美精英高等教育模式,这对满目疮痍、内忧外患的中国而言,不但不合时宜,而且还带来极大的政治风险和社会隐患。当然,包括院系大调整在内的学习苏联行为虽有一定的时代现实性,但也存

① 史彩霞.我国大学治理结构变迁方式研究[D].武汉:华中师范大学,2007:18.

在较大的时代局限性,这成为日后高等教育改革的重点。(3)调整中央和地方的教育权责。中华人民共和国成立初期,党中央对高等教育的集权治理具有重要的政治意义,但同时也面临如何处理中央与地方权力关系的难题,因此经历了反复调整,逐步完善了权力结构。显然,突出政治权力参与治理的"政治",是这一时期中国共产党治理高等教育的最主要特征。

(三)以施策立法为特征的"法治"

1978年12月,党的十一届三中全会胜利召开,在全社会掀起了一股"拨乱反正"新风,高等教育在恢复中开始重建。邓小平在《解放思想,实事求是,团结一致向前看》中指出:"为了保障人民民主,必须加强法制……做到有法可依,有法必依,执法必严,违法必究。"①

党中央强调依法治国的重要思想,自此开启了新时期中国共产党领导下的高等教育法治化改革进程。在党中央的领导下,这一时期连续而密集地颁布了一系列高等教育政策法规。1978年颁布的《全国重点高等学校暂行工作条例(试行草案)》规定,高校的管理体制为党委领导下的校长分工负责制。1980年出台的《中华人民共和国学位条例》是我国第一部由最高立法机关制定的高等教育法律,也是教育领域的第一部法律。② 1985年发布的《中共中央关于教育体制改革的决定》指出,要"改革高等学校的招生计划和毕业生分配制度,扩大高等学校办学自主权"。1986年发布的《高等教育管理职责暂行规定》指出,要"贯彻执行党和国家有关高等教育的方针政策、法律和行政法规"。1990年颁布的《普通高等学校学生管理规定》则对学籍管理、课外活动、奖励与处分等做出了规定。

根据党的十四大对社会主义市场经济结构的重大调整与战略部署,高等教育法治化进程加快了步伐。1993年,中共中央、国务院颁布《中国教育改革和发展纲要》,第一次明确要加快教育法治建设,进一步完善执法监督体系,加快步入依法治教轨道。随后,在党的领导下出台了一揽子教育政策法规,如《中华人民共和国教师法》《中华人民共和国教育法》《中华人民共

① 邓小平.邓小平文选:第2卷[M].2版.北京:人民出版社,1994:147.

② 申素平,邓雨薇.我国高等教育法治70年发展史[J].教育发展研究,2019(17):33-38.

和国职业教育法》等。1998年颁布的《中华人民共和国高等教育法》格外引人注目,这是第一次从法律层面对高等教育的基本制度、管理体制、投入机制等进行全面规范,为高等教育依法治教、高等教育事业的改革与发展提供了重要的法律依据。①

这一时期党对高等教育的治理以党的十一届三中全会为新起点,以党的十四大为转折点,用一系列教育政策法规促进了整个教育领域的法治化建设。高等教育法治不断推进的过程,也是中国共产党不断探索教育规律、走出一条具有中国特色的社会主义教育现代化之路的过程。具体地说,这一时期以施策立法为特征的高等教育法治化改革是前所未有的,主要体现在:(1)树立高等教育法治思想。高等学校是我国以公益性为主的事业单位法人②,对内拥有"大学自治权",对外遵循党和国家的法律法规。高等教育治理按照以人民为中心的发展理念,坚持受教育者与教育者之间的平等关系,在严格、有序、权威的法律框架下实施。(2)明晰高等教育法律条文。随着高等教育事业的发展与依法治国的不断推进,高等教育法治取得了长足进步,这些重要的教育政策法规既是改革开放以来高等教育法治的重要成果,也为今后教育改革提供了基本遵循。(3)深化高等教育司法实践。高等教育领域长期存在的"无诉"状态逐渐被打破,高等教育机构的自治权受到法律的监督。1999年"田永诉北京科技大学案"开创了高等教育机构诉讼案之先河③,高等教育法治更加规范化。

(四)以立德树人为特征的"德治"

党的十八大以来,以习近平同志为核心的党中央从"培养什么人、怎样培养人、为谁培养人"这个根本问题出发,高度重视立德树人在高等教育中的核心地位和作用,并将立德树人提到前所未有的高度——关乎党的事业后继有人,关乎国家前途命运。2016年12月,习近平总书记在全国高校思想政治工作会议上发表重要讲话,强调立德树人是高校的立身之本,思想政

① 刘永林.新中国成立70年来高等教育法治建设的回顾与展望[J].中国高教研究,2020(1):27-34.

② 孟波.高校招生权:属性界定、行权逻辑与司法审查[J].中国高教研究,2021(4):36-41.

③ 张冉.高校校规:大学自治与国家监督间的张力[J].清华大学教育研究,2011(6):91-98.

治工作与立德树人是一脉相承的。这既体现了党在高等教育治理过程中对中国传统教育理念的继承，又对当代高等教育赋予了时代使命；既尊重了高等教育的发展规律，又彰显了高等教育的育人本质。党的十九大报告指出，要全面贯彻党的教育方针，落实立德树人根本任务，发展素质教育，推进教育公平，培养德智体美全面发展的社会主义建设者和接班人。这为新时代我国社会主义教育事业指明了方向，强调了高等教育发展的“变”与“不变”，成为“两个一百年”奋斗目标路上的教育指南。2018 年 9 月 10 日，习近平总书记在全国教育大会上再次明确了立德树人在新时代中国特色社会主义高等教育体系中的重大意义，强调立德树人的社会主义前提，为今后高等教育治理提供了根本遵循与发展目标，标志着党对高等教育治理的认识达到了新高度，高等教育治理迈上了一个新的台阶。

2020 年 10 月，中共中央、国务院印发了《深化新时代教育评价改革总体方案》，明确提出要完善立德树人体制机制，并将立德树人作为改革的主要原则，这是从制度层面明确高等教育治理成效的标准，突出了新时代高等教育的办学导向。2020 年 11 月发布的《中共中央关于制定国民经济和社会发展第十四个五年规划和二〇三五年远景目标的建议》指出，要全面贯彻党的教育方针，坚持立德树人的教育导向。该文件对第一个百年奋斗目标实现后，即全面建成小康社会之后的高等教育发展做出了全景式的部署，既考虑到了人民日益增长的教育需求，也坚持了党对教育事业的全面领导。2021 年 4 月，中共中央印发的《中国共产党普通高等学校基层组织工作条例》指出，高校党组织应把立德树人作为根本任务，坚持做好思想政治工作，把立德树人成效作为检验高校党的建设工作的根本标准。党的二十大报告提出，育人的根本在于立德。全面贯彻党的教育方针，落实立德树人根本任务，培养德智体美劳全面发展的社会主义建设者和接班人。由此可见，党对高等教育治理的顶层设计体现了党对立德树人的高度重视，始终坚持为中国人民谋幸福的初心，这充分反映了中国特色社会主义教育制度的优越性。

进入新时代，中国高等教育进入了以立德树人为特征的新征程。这个新时代既是关系人民福祉的新时代，也是高等教育强国的新时代。在这一时期，“德治”是高等教育治理的最主要特征，主要表现在：(1) 立德树人是高等教育治理的时代核心使命。高等教育是人才培养的主阵地，当代高等教育职能日益丰富，但最根本的还是人才培养，而人才培养的核心在于立德。① (2)树立社会主义核心价值观是高等教育“德治”的必由之路。教育引导是培育和践行社会主义核心价值观的基本途径，《关于培育和践行社会主义核心价值观的意见》明确指出，要坚持育人为本、德育为先，围绕立德树人的根本任务，把社会主义核心价值观纳入国民教育总体规划。因此，要将社会主义核心价值观贯穿高等教育的全过程，融入高等院校教育教学各方面，体现新时代中国特色社会主义高等教育的本质要求。② (3)培养能够担当民族复兴大任的时代新人是高等教育的基本目标。“百年未有之大变局”对高等教育提出了新要求、赋予了新使命，要求党和国家必须结合时代背景与国家发展回答“培养什么人”这个重大命题。因此，“培养担当民族复兴大任的时代新人”是新时代党和国家高等教育发展的核心命题。③

综上所述，中国共产党治理高等教育的百年历程大致经历了以“独立自主”“整顿重建”“施策立法”“立德树人”为主要特征的四个发展阶段，其突出的治理表现形式为“自治”“政治”“法治”“德治”，四项治理特征及其表现是马克思主义中国化进程中的逻辑演进和叠加。这些治理特征及其表现既是时代条件下的客观产物，又是中国共产党努力作为的治理成果。

二、中国共产党治理高等教育的现实逻辑

中国共产党对高等教育的治理历经革命年代、建设年代、改革年代以及当下的新时代，勾勒出一幅动态发展的历史画卷，每一次的前行都是在不断批判、吸收、继承中实现的，而贯穿于高等教育治理全过程的基本逻辑始终未变。在“用马克思主义中国化最新成果武装全党、教育人民”④的理论指导下，习近平总书记在全国教育大会上指出，要坚持党对教育事业的全面领

① 姜朝晖.中国大学治理体系现代化的时代要求[J].重庆高教研究,2021(3):53-61.

② 覃虹.高等教育要承担塑造社会主义核心价值观的重任[J].学习月刊,2015(24) :61-62.

③ 戴木才.培养担当民族复兴大任的时代新人:党的十九大报告关于社会主义核心价值观的重要论述[J].道德与文明,2017(6) :5-7.

④ 上海市习近平新时代中国特色社会主义思想研究中心.用马克思主义中国化最新成果武装全党教育人民[N].人民日报,2018-05-18(07).

导，坚持社会主义办学方向，坚持以人民为中心发展教育。可见，在中国共产党治理高等教育的基本逻辑中，坚持党的领导是逻辑基点，坚持社会主义办学方向是逻辑起点，坚持以人民为中心发展教育事业是逻辑终点，马克思主义中国化时代化是逻辑中介。其中，逻辑基点具有领导性，其他逻辑要素均在党的领导下发挥作用；逻辑起点和逻辑终点是整体逻辑的主线条，遵循“社会主义—人的发展—人民中心”的运动路向；逻辑中介的理论支撑具有统摄性，通过执政、建设和发展三大规律将其他要素关联起来。

（一）坚持党对高等教育事业的全面领导

回顾中国共产党治理高等教育的百年历史，我们发现中国共产党始终高度重视高等教育领导权问题。中国共产党成立初期，毛泽东等就开始创办新型高等院校；在抗战和解放战争期间，中国共产党更是将高等教育作为干部培养的重要支撑。中华人民共和国成立后，党中央大力改造旧中国半殖民地半封建的高等教育，积极发展社会主义高等教育。改革开放以来，开启了以《中华人民共和国高等教育法》为标志的法治化建设进程，从立法层面明确了党对全国高等教育事业的领导。纵观历史，坚持党的领导是我国高等教育治理之根本，是落实教育优先发展战略之基石，是实现社会主义办学方向之保障。

坚持党对高等教育事业的全面领导，是中国共产党治理高等教育的逻辑基点。这部分具有丰富的理论内涵和实践基础，其核心内容为：(1)加强党对高等教育的思想领导。毛泽东曾指出：“掌握思想领导是掌握一切领导的第一位。”①党治理高等教育，就是在思想上要坚持马克思主义思想，认清形形色色的“社会主义”本质，宣传科学的社会主义学说。(2)加强党对高等教育的政治领导。1978 年，邓小平在全国科学大会上强调：“党委的领导，主要是政治上的领导，保证正确的政治方向，保证党的路线、方针、政策的贯彻，调动各个方面的积极性。”②百年治理之路，党始终牢牢坚持对高等教育的政治领导，在革命中淬炼，在建设中升华，在改革中完善，全面提升高

① 中共中央文献研究室.毛泽东文集：第 2 卷[M].北京：人民出版社，1993：435.
② 邓小平.邓小平文选：第 2 卷[M].2 版.北京：人民出版社，1994：98.

等教育治理中党的政治领导能力。(3)加强党对高等教育的组织领导。首先要将高校党委作为领导核心,贯彻党的决定,宣传党的主张,领导高校治理;其次要把院系党委作为基层阵地,确保党的领导落实到院系治理层面,规范党政联席会议制度;最后要把党支部作为战斗堡垒,使基层组织成为师生凝聚人心的家园,严格执行民主评议党员制度等。

(二)坚持社会主义办学方向

中国共产党在治理高等教育的实践历程中,始终坚持社会主义办学方向,这一鲜明特征既是中国共产党自身性质的教育体现,也是中国共产党领导高等教育发展的政策方针。一百年来,中国共产党治理高等教育,一直在解答"培养什么人、怎样培养人、为谁培养人"三大教育根本问题,可以说中国共产党领导下的高校办学的核心是人才培养。在马克思看来,人的全面发展是通过生产劳动同教育的结合实现的。因此,在中国特色社会主义教育发展道路上,就是要培养德智体美劳全面发展的社会主义建设者和接班人。特别是党的十八大以来,习近平总书记高度重视劳动教育,强调劳动教育是中国特色社会主义教育制度的重要内容。坚持社会主义办学方向,就是要在马克思主义关于人的全面发展学说基础上,使新时代大学生在劳动中自由、自觉地发挥自己的体力和智力,获得应有的发展①,突出社会主义办学特色。

坚持社会主义办学方向,是中国共产党治理高等教育的逻辑起点。这部分主要是在回应"培养什么人、怎样培养人、为谁培养人"的根本问题,其核心内容为:(1)培养社会主义事业接班人。马克思曾指出,教育和生产劳动结合不仅对于儿童成长和发展具有重要作用,有利于培养共产主义新人,还是改造现代社会、建设未来共产主义社会的有力武器。② 党的百年高等教育治理经验,从"自己动手,丰衣足食"到知识青年"上山下乡"再到新时代劳动教育,都突显了教育和生产劳动相结合的社会主义教育方针。(2)用社

---

① 扈中平.马克思的劳动异化论对当下劳动教育的启示[J].教育研究,2020(12):31-39.

② 中共中央马克思恩格斯列宁斯大林著作编译局.马克思恩格斯文集:第3卷[M].北京:人民出版社,2009:448-449.

会主义理论培养人。马克思认为，社会主义新政府必须高度重视教育，强调要把技术学校（理论的和实践的）和国民学校联系起来，即强调教育要坚持理论和实践的有机统一。[①] 这一社会主义办学思想在中国共产党治理高等教育的百年实践中亦有充分体现，从“军事思想与革命教育相结合”到“恢复改造生产与集体教育相结合”到“市场化改革与法治教育相结合”再到“新发展理念与创新教育相结合”，这些鲜活的治理实践都坚持着社会主义办学理论。(3)为共产主义事业培养人。列宁认为：“整个共产主义宣传归根到底要落实到实际指导国家建设。”[②]在任何时期，中国共产党治理高等教育都是为了培养党的事业的接班人，使后继者坚持“四为”原则[③]，培养坚定的社会主义建设者和接班人，推动党的社会主义伟大事业稳健前行。

(三)坚持以人民为中心发展教育

中国共产党治理高等教育的百年史，亦是一部“唤起民众”和“为人民服务”的教育史。《共产党宣言》指出，无产阶级的运动是绝大多数人的，是为绝大多数人谋利益的独立的运动。[④] 可见，人民性是马克思主义政党的本质属性。建党初期，毛泽东曾在《湖南自修大学组织大纲》中就大学的办学宗旨强调，“使文化普及于平民，学术周流于社会”[⑤]。延安时期，毛泽东从理论上概括了党的群众路线，提出“从群众中来，到群众中去”和“全心全意为人民服务”等经典理论。[⑥] 因此，党创办的新型高等院校始终坚持为人民办教育，努力提升人民群众的科学文化水平，保障人民平等的受教育权。

正如习近平总书记所说：“我国高等教育发展方向要同我国发展的现实

---

① 中共中央马克思恩格斯列宁斯大林著作编译局.马克思恩格斯文集：第3卷[M].北京：人民出版社，2009：447.

② 中共中央马克思恩格斯列宁斯大林著作编译局.列宁全集：第39卷[M].2版增订版.北京：人民出版社，2017：449.

③ “四为”原则具体是指，为人民服务，为中国共产党治国理政服务，为巩固和发展中国特色社会主义制度服务，为改革开放和社会主义现代化建设服务。

④ 中共中央马克思恩格斯列宁斯大林著作编译局.马克思恩格斯文集：第2卷[M].北京：人民出版社，2009：42.

⑤ 刘齐，张睦楚.中国共产党与中国高等教育的百年发展[J].重庆高教研究，2021(1)：12-24.

⑥ 张晓萌.中国共产党在延安时期开展马克思主义教育的实践：基于陕北公学的历史考察[J].教育研究，2020(6)：48-54.

目标和未来方向紧密联系在一起……”[①]显然,从“教育的群众路线”到“教育为人民服务”再到“办好人民满意的教育”,教育政策的论述演变体现出党对发展教育规律的认识不断深化。坚持以人民为中心发展教育,是中国共产党治理高等教育的逻辑终点。中国共产党作为马克思主义政党,始终坚持以民为本的发展逻辑,而不是以资为本的价值遵循,这是中国共产党百年治理高等教育的不变初心——“以人民为中心发展教育”。其逻辑核心体现为:(1)发展教育为了人民。中国共产党人“没有任何同整个无产阶级的利益不同的利益”[②]。《中国共产党章程》明确规定,“党除了工人阶级和最广大人民群众的利益,没有自己特殊的利益”,“党在任何时候都把群众利益放在第一位”。[③] 发展高等教育为了人民,是指高等教育的宗旨和目标始终是以人民为中心,始终把人民对于教育的需求放在首位,将人民是否满意当作检验发展教育的根本标准,让教育在发展中保障人民权益,实现教育发展的公平性与效率性的统一。(2)发展教育依靠人民。马克思、恩格斯明确指出:“历史活动是群众的活动,随着历史活动的深入,必将是群众队伍的扩大。”[④]不论是在革命年代发展教育事业,还是在新时代对教育进行深化改革,中国共产党始终明确发展教育的源泉和力量来自人民,重视人民的首创精神对发展教育的重要意义。在百年历史进程中,人民是发展教育的主体,既是教育发展的受益者,也是教育发展的推动者和践行者。(3)发展教育的成果由人民共享。“由谁共享”问题的答案只能是人民群众。中国共产党发展教育是为了人民,教育发展的成果由人民共享。

(四)坚持不断开辟马克思主义中国化时代化发展新境界

马克思主义理论传入中国以来,在其普遍性与特殊性相结合的原理指

---

① 中华人民共和国教育部.努力办好中国特色社会主义高校:习近平总书记在全国高校思想政治工作会议上的重要讲话引起热烈反响[EB/OL].(2016-12-09)[2021-03-22].http://www.moe.gov.cn/jyb_xwfb/s6319/zb_2016n/2016_zb08/16zb08_gj/201612/t20161209_291428.html.

② 中共中央马克思恩格斯列宁斯大林著作编译局.马克思恩格斯文集:第2卷[M].北京:人民出版社,2009:44.

③ 中国共产党章程[M].北京:人民出版社,2017:19-20.

④ 中共中央马克思恩格斯列宁斯大林著作编译局.马克思恩格斯文集:第1卷[M].北京:人民出版社,2009:287.

导下,理论逐渐“入乡随俗”,开启了在中国大地上的本土化进程,产生了毛泽东思想、邓小平理论、“三个代表”重要思想、科学发展观,以及习近平新时代中国特色社会主义思想。由此可见,不断谱写马克思主义中国化、时代化新篇章,是中国共产党人的庄严历史责任。在此过程中,马克思主义中国化的教育理论在历经革命、建设、改革的磨炼之后更具中国特色。如今走进新时代,在高等教育领域开辟马克思主义中国化、时代化新境界,就必须“坚持人民至上”发展高等教育,就必须“坚持自信自立”提升高等教育,就必须“坚持守正创新”变革高等教育,就必须“坚持问题导向”改进高等教育,就必须“坚持系统观念”推动高等教育,就必须“坚持胸怀天下”引领高等教育。简言之,中国共产党治理高等教育的百年历程,既是中国高等教育发展史的内容,也是马克思主义中国化宏大叙事的具体事例。

坚持不断开辟马克思主义中国化时代化发展新境界,是中国共产党治理高等教育的逻辑中介。中国共产党站在辩证唯物主义和历史唯物主义的基础上,不断开辟治理高等教育的马克思主义中国化发展新征程,主要表现为:(1)遵循中国共产党执政规律治理高等教育。回顾过往,中国革命、建设、改革的实践证明:中国共产党领导是中国特色社会主义最本质的特征,是中国特色社会主义制度的最大优势。[①] 高等教育发展是社会主义建设的重要组成部分,应当坚持中国共产党的领导,且必须深化中国共产党对高等教育规律的认识。(2)遵循社会主义建设规律治理高等教育。“什么是社会主义”和“怎样建设社会主义”是认识社会主义规律的两大问题。习近平总书记指出:“中国特色社会主义,是科学社会主义理论逻辑和中国社会发展历史逻辑的辩证统一,是根植于中国大地、反映中国人民意愿、适应中国和时代发展进步要求的科学社会主义……”[②]由此,社会主义建设规律应用于中国教育实际,就是既要坚持科学社会主义的基本原则,又要考虑中国高等教育的具体情况。(3)遵循人类社会发展规律治理高等教育。习近平在纪念马克思诞辰200周年的讲话中指出:“学习马克思,就要学习和实践马

① 习近平.中国共产党领导是中国特色社会主义最本质的特征[J].奋斗,2020(14):4-17.
② 习近平.习近平谈治国理政:第1卷[M].2版.北京:外文出版社,2018:21.

克思主义关于人类社会发展规律的思想。”[①]中国共产党开展以人民为中心的高等教育活动，最终目的是促进人的全面发展。

三、治理现代化：中国共产党治理高等教育的新时代目标

当前乃至未来一段时间，我们处于下一个百年的新的历史坐标。面向未来，党的十九大已经为我们勾画了新时代发展蓝图，即第二个百年奋斗目标的第二个阶段是从 2035 年到 21 世纪中叶，在基本实现现代化的基础上，再奋斗 15 年，把我国建成富强、民主、文明、和谐、美丽的社会主义现代化强国。党的二十大为我们擘画了高等教育发展图景，即到 2035 年建成教育强国、科技强国、人才强国。到那时，高等教育强国的中国梦必然会实现。《中共中央关于全面深化改革若干重大问题的决定》指出：“全面深化改革的总目标是完善和发展中国特色社会主义制度，推进国家治理体系和治理能力现代化。”[②]显然，要通过国家治理体系和治理能力现代化促进国家整体现代化发展，这是中国特色社会主义进入新时代的基本方略和战略思考，因此中国共产党治理高等教育的总目标，也必须适应新时代的变革。具体策略有：实现高等教育现代化的治理目的，构建三维多层新格局的治理体系，促进“四治”治理技术的有机融合，探索治理效能的主客观评价法。

（一）治理目的：实现高等教育现代化

“现代化”是一个西方概念，可追溯到 18 世纪，韦伯、帕森斯、哈贝马斯、亨廷顿等西方学者均有阐述。如亨廷顿认为，现代化是一个革命的过程、复杂的过程、系统的过程、全球化的过程、长期的过程、阶段性的过程、同质化的过程、不可逆的过程、进步的过程。[③] 在经济社会变迁中，现代化就是从传统到现代、从农业向工业、从现在向未来的发展过程。在我国，党带领全国各族人民正走在一条现代化的大道上。1954 年，“四个现代化”首次提出。1983 年，邓小平为景山学校题词“三个面向”，其中第一个就是“教育要

---

① 习近平.在纪念马克思诞辰 200 周年大会上的讲话[N].人民日报，2018-05-05(02).

② 中共中央关于全面深化改革若干重大问题的决定[N].人民日报，2013-11-16.

③ 布莱克.比较现代化[M].杨豫，陈祖洲，译.上海：上海译文出版社，1996：44-47.

面向现代化”。自此,实现教育现代化成为中国教育改革与发展的战略目标,但如何实现这一目标也成为社会各界共同关心的议题。习近平总书记提出“推进国家治理体系和治理能力现代化”,这为实现教育现代化提供了治理方法论和治理工具。2019 年,中共中央、国务院发布《中国教育现代化2035》,将“治理现代化”作为推进中国教育现代化的重要内容、战略任务和实施路径。

教育现代化是一个历史的、动态的发展过程,是在不断选择、融合、发展中提升教育治理水平的过程。[①] “现代化”和“教育现代化”内涵的丰富性和复杂性决定了“高等教育现代化”内涵的多样性。要实现中国高等教育现代化,一方面,必须通过治理现代化予以推进,这就需要从高等教育治理体系现代化和治理能力现代化两个维度共同发力,特别是从“自治”“政治”“法治”“德治”的治理实践经验中发现高等教育治理规律,不断提高中国共产党对高等教育的治理能力和水平。另一方面,推动高等教育治理现代化,实现高等教育现代化,其实质是促进人的现代化,以人的现代化为媒介驱动和支撑国家现代化。显然,治理现代化必须深挖“人”的含义,必须做到“凝聚人心、完善人格、开发人力、培育人才、造福人民”[②]。此外,新时代高等教育治理现代化还必须充分认识教育现代化发展的信息技术特征,应积极运用人工智能、大数据、云计算等新兴技术,不断推动高等教育走向“数治”与“智治”。

(二)治理体系:构建三维多层新格局

教育治理体系是国家治理体系的重要组成部分,其中,中国共产党是国家教育治理体系的核心主体,处理好党和政府与高校、市场和其他利益相关主体之间以及不同层面的权力关系是新时代党治理高等教育的核心问题。[③] 特别是面对复杂的高等教育属性、多元的现代化建设路径以及特殊的高等

---

① 杨文杰,张珏.以教育现代化支撑与驱动国家现代化:兼论我国教育现代化的发展愿景[J].教育发展研究,2021(3):1-11.

② 中华人民共和国中央人民政府.中共中央、国务院印发《中国教育现代化 2035》[EB/OL].(2019-02-23)[2021-04-02].http://www.gov.cn/zhengce/2019-02/23/content_5367987.htm.

③ 周光礼.中国高等教育治理现代化:现状、问题与对策[J].中国高教研究,2014(9):16-25.

教育现代化发展历程[1]，我国高等教育治理体系亟须构建一个更加立体化、更具统摄性的治理框架。这种治理框架不同于传统治理框架，就在于要坚持和加强党对高等教育事业的全面领导，把党的领导作为治理框架的“主心骨”，贯穿整个高等教育治理现代化的各个领域、各个环节。[2] 因此，有必要重新认识和梳理党的领导在高等教育内外部治理中的地位、作用以及具体发生机制。

三维多层高等教育治理体系的新格局，具体如下：一是在宏观维度的目的、理念层面，始终把教育现代化作为高等教育治理现代化的首要目的，把党的执政理念作为高等教育治理体系建构的核心思想与中心内容，旨在应对高等教育治理体系的价值和顶层设计问题。二是在中观维度的组织、制度层面，对不同性质、类型和层次的高校组织进行分类治理，突出党建在学校基层组织建设中的引领性和组织性。继续完善中国特色现代大学制度建设，通过“四治”融合提升高校的办学自主权，从制度层面促进高校自我管理。三是在微观维度的行动、能力层面，能够积极、有效引导学校（在校师生、学校管理者）、家庭和社会（学生家长、校友、用人单位等）等多元利益主体共同参与治理，进而推动“管办评”分离和“放管服”改革，以促进治理体系和治理能力现代化。

（三）治理技术：促进“四治”有机融合

技术广义上是指人类为实现社会需要，在改造自然、改造社会和改造人自身的全部活动中所应用的一切手段、方法和技能的总和。[3] 哈贝马斯指出：“我们把技术这个词首先同成套或者配套的技术手段（它能够在帮助人们达到目的时，减轻劳动和收到效益）联系在一起，即同工具、机器和自动化联系在一起。”[4]治理技术则是对各种治理工具、治理手段和治理方法的统

① 蒋凯，王涛利.高等教育治理体系与治理能力现代化的关键问题和推进路径[J].厦门大学学报（哲学社会科学版），2021（1）：105-114.

② 何水，高向波.教育治理能力现代化：关键要素与推进路径[J].现代教育管理，2021（4）：16-22.

③ 黄其松，许强.论政府治理技术[J].江汉论坛，2018（12）：53-59.

④ 哈贝马斯.理论与实践[M].郭官义，李黎，译.北京：社会科学文献出版社，2004：359.

称,是组织、开展和实施治理活动的操作性行动及其规则系统。① 教育治理技术作为治理技术的一种,既包含了人工智能、大数据、云计算、物联网等“硬技术”,也包含文化、意识形态、价值观念、社会制度等“软技术”,是特定情境中兼具工具理性与价值理性的教育治理手段。从教育现代化的内涵出发,结合党对高等教育治理的经验,新时代我国高等教育治理技术应促进“四治”有机融合。首先,坚定“自治”道路,以社会主义道路“明”治理。我国的国体与政体决定了我国高等教育治理必须走一条具有中国特色的社会主义道路,凸显高等教育治理的技术优越性。其次,强化“政治”引领,以党的领导“强”治理。实施党建引领高等教育治理体系和治理能力现代化改革,将党的组织优势与政治优势转化为高等教育治理优势,增强高等教育治理成效。再次,完善“法治”途径,以完备法律“保”治理。我国高等教育法治体系还需要“强弱项”和“补短板”,迫切需要法治来保障高等教育治理的民主、公平与正义,落实高等教育治理主体责任,构建系统完备的学校规章制度体系,使高等教育治理在法律的框架下有序开展②。最后,突出“德治”教化,以立德树人“促”治理。我国高等教育治理要充分发挥道德教化的作用,做好思想政治教育与宣传工作,深化和巩固全国高等教育的治理成果,提升全民文化素质与社会文明程度,为实现教育现代化提供思想的力量。

(四)治理效能:探索主客观评价法

治理效能是对接和实现治理目标而形成的过程性结果,是与目标的实现程度相关联的一个变量,也是一个可以表示为快慢、正负、高低的有方向的向量,因此治理效能隐藏着预设目标的实现问题,治理效果越接近治理目标,治理效能就越大,反之则越小。③ 当前,关于治理效能的讨论已然成为学界焦点,治理现代化的内容、治理目标的精准度、治理体系的完善程度以及治理技术的实现程度都与治理效能密切相关,能够通过治理效能的呈现得

---

① 韩志明.治理技术及其运作逻辑:理解国家治理的技术维度[J].社会科学,2020(10):32-42.

② 李立国,张海生.国家治理视野下的高等教育治理变迁:高等教育治理的变与不变[J].大学教育科学,2020(1):29-36.

③ 常锐.论国家治理中的“价值观先导”效能[J].社会科学战线,2021(3):248-253.

到相应的反馈，但如何观测、计量以及如何评价治理效能仍是教育治理评价理论与实践的难点。

为解决治理效能的测评问题，我们提出主客观评价法。一般意义上，客观评价法主要用于依据客观数据对评价对象进行价值判断；主观评价法主要用于解决无法量化的测量问题，进而对评价内容做出主体价值判断。① 因为采用单一的评价方法，可能带来偏见、误差、固化等问题，为此提出要探索构建一种以客观指标体系为主、主体满意度为辅，且主客体的评价要素具有强关联性、数据分析能够进行交叉验证、能够将主观满意度数据和客观事实数据有效结合的评价方法。随着观测指标及相关数据的积累和丰富，可以建立治理效能评价数据库。以立德树人治理效能为例，从客观评价看，教育行政部门和高校可以从政治学习、师德师风、课程思政、师生沟通、学生接待、教学学术研究、学术道德与规范、学生就业率和毕业率等指标进行量化分析②；从主观评价看，教育行政部门和高校可以组织学生、家长、用人单位等利益相关者参加关于立德树人治理成效满意度的问卷和访谈调查，之后将两部分数据进行交叉验证和分析而得出最终结论。

回望百年，中国共产党治理高等教育走过了一段极不平凡的道路，但也走出了一条极具中国特色的社会主义发展道路。站在"两个一百年"的历史交汇点，"当今世界正经历百年未有之大变局"，中国共产党领导下的高等教育正在努力实现现代化发展目标，这就需要建立健全完整、合法、有效的高等教育治理体系，不断提高高等教育治理主体的治理能力与治理水平。但这些绝不是当下凭空出现的，而是从建党百年的治理经验中探寻、总结和发展出来的，是一个从量变到质变的历史学习和累积的过程。正如习近平总书记在党史学习教育动员大会上强调："回望过往的奋斗路，眺望前方的奋进路，我们必须把党的历史学习好、总结好，把党的成功经验传承好、发扬好。"沿着中国共产党治理高等教育的百年进路，梳理高等教育治理的百年

① 陆国栋，吴英策，陈临强，等.基于主客观综合的高校大学生竞赛质量评价探索：以44项全国高校大学生竞赛项目为例[J].中国高教研究，2019(5)：76-81，87.

② 袁振国，沈伟.立德树人的落实机制：现状、挑战与对策[J].苏州大学学报(教育科学版)，2021(1)：1-8.

经验,我们将更加深刻地认识到中国共产党以人民为中心的教育初心从未改变,更加深刻地认识到中国特色社会主义高等教育事业成就来之不易。

面向未来,中国共产党治理高等教育的重要经验及基本逻辑,将以新时代高等教育现代化为战略目标,不断推进中国高等教育治理体系及治理能力现代化建设,而这一治理现代化的理论与实践也有助于应对全球高等教育面临的普遍问题。这是因为中国共产党带领中国人民自己走出来的中国特色社会主义高等教育治理之路,与全世界人民渴望获得高等教育机会、保障高等教育公平与正义、促进生活幸福、实现高等教育独立与繁荣的美好愿望是一致的,这揭示了中国与世界在高等教育发展上具有共同的"命运"。同时,中国高等教育治理也将为全球高等教育治理提供"中国经验",从而积极推动全球高等教育治理成为具有合法性、透明性,负责任的良善之治[①],实现全球高等教育公共利益的最大化,通过构建教育命运共同体有效应对当前全球高等教育面临的普遍性问题,为世界人民带来福祉,不断开辟高等教育"中国之治"的新境界。

① 俞可平.治理与善治[M].北京:社会科学文献出版社,2000:9-11.

第三讲
课程思政:课程与政治的有机结合

课程思政是当今中国高校思想政治工作的行动指针,也是高校立德树人的战略举措。2016 年 12 月,习近平总书记在全国高校思想政治工作会议上指出:“做好高校思想政治工作……要用好课堂教学这个主渠道,思想政治理论课要坚持在改进中加强……其他各门课都要守好一段渠、种好责任田,使各类课程与思想政治理论课同向同行,形成协同效应。”

当前,课程思政日益成为我国高等教育理论界和实践界的一个热点问题,与之相关的研究成果颇为丰硕,其中不乏真知灼见,但也存在诸多争议待于商讨。如对课程思政的本质追问、课程思政界域探求及课程思政下的各类课程如何协同共生等问题的追思与求索,不仅关乎课程思政理论建构的持续深入,更牵涉到教育教学改革的方向与效果。

一、本质之问:课程思政究竟为何物

课程思政的本质是课程思政的质的规定性。学界有关课程思政之本质的探讨,众说纷纭且见仁见智。那么,课程思政究竟为何物,迄今在理论界与实践界尚未达成共识。从学理上说,若要弄清这一概念,有两个问题必须明确:一是课程思政所指为何;二是课程思政的本质何在。

(一)课程思政的代表性界说

学界关于课程思政的概念归属大致存在六种较为典型的论说,不同的论说从各自的立场出发,揭示了课程思政的某一个方面。

一是课程类型说。该观点认为课程思政是一类课程,并将其与思政课程进行比较,由此形成了课程思政与思政课程这对关系。这一论说通常存在两种情况：一是旗帜鲜明地指出课程思政是一类课程；二是并未直接澄明课程属性，但在观点阐述中含有两者的某种关系。比如，学界将课程思政与思政课程的关系概括为“包含论”和“补充论”。“包含论”认为，“两者之间的关系是一种包含和被包含的关系”①；“补充论”认为，思政课程体系总有其边界，需要课程思政来补充②。二者都将课程思政视为与思政课程同质的概念。上海高校在课程思政探索之初，曾推出“大国方略”等一系列品牌课程，这一“把‘课程思政’演绎成了增设或多开几门政治类课程”③的做法同样是将其看作课程的例证。

二是教育理念说。不少学者认为课程思政是一种理念，并将此作为教育的落脚点，如高德毅④、邱伟光⑤、闵辉⑥、韩宪洲⑦、邱开金⑧等。教育理念说一般包含两层指向：一是课程设置理念，二是思政教育理念。前者的重心在于“课程”，强调的是“课程承载思政”；后者的重心偏向“思政”，关注的是“思政寓于课程”。

三是思政方法说。针对教育理念说，有学者认为“把‘课程思政’视为‘理念’是正确的，但仅仅看成是一种理念，可能就有问题了”，由此提出“‘课程思政’是‘饱含着科学的教育理念的思想政治教育方法’”⑨。在这里，方法成为课程思政的核心要义。另有学者认为“‘课程思政’注重的是一种教育方法”，“相对于专门的思想政治理论课程，‘课程思政’本身就意味着运用一种更为柔性的教育方法来进行思想政治教育工作”。⑩

---

① 赵继伟.关于思政课程与课程思政辩证关系的思考[J].思想政治课研究,2018(5):51-55.

② 邱仁富.课程思政与思政课程同向同行的理论阐释[J].思想教育研究,2018(4):109-113.

③ 何玉海.关于课程思政的本质内涵与实现路径的探索[J].思想理论教育导刊,2019(10):130-134.

④ 高德毅,宗爱东.课程思政:有效发挥课堂育人主渠道作用的必然选择[J].思想理论教育导刊,2017(1):31-34.

⑤ 邱伟光.课程思政的价值意蕴与生成路径[J].思想理论教育,2017(7):10-14.

⑥ 闵辉.课程思政与高校哲学社会科学育人功能[J].思想理论教育,2017(7):21-25.

⑦ 韩宪洲.深化课程思政建设需要着力把握的几个关键问题[J].北京联合大学学报(人文社会科学版),2019(2):1-6,15.

⑧ 邱开金.从思政课程到课程思政,路该怎样走[N].中国教育报,2017-03-21(10).

⑨ 何玉海.关于课程思政的本质内涵与实现路径的探索[J].思想理论教育导刊,2019(10):130-134.

⑩ 刘承功.高校深入推进课程思政的若干思考[J].思想理论教育,2018(6):62-67.

四是教学体系说。不同于课程类型说,教学体系说认为课程思政体现的是课程类群的整合而非某类课程的单设,是“含有思想政治教育目标的教学体系”[①]。该教学体系以课程体系为基础,涵括高校一切课程——既有思想政治理论课,又有全校性的综合素养课以及各系科的专业课。除课程体系外,课程思政教学体系还包含着与之相应的教育计划或培养方案。

五是实践活动说。这一论说将课程思政归为实践活动。据此,课程思政又可解释为“依托、借助于专业课、通识课而进行的思想政治教育实践活动,或者是将思想政治教育寓于、融入专业课、通识课的教育实践活动”[②]。

六是多重属性说。该观点认为课程思政同时具备上述两种及其以上的属性。如有学者提出,“‘课程思政’既是一种思想政治教育理念,同时又是思想政治教育方法”[③];它是指“学校以所有课程为育人载体,把思想政治教育贯穿于教学活动全过程的新的育人理念和实践活动”[④]。前者述及理念和方法,后者谈到理念、方法和实践三重属性,都是典型的多重属性说。

综上而言,将课程思政归为教育理念,或思政方法,或教学体系,或实践活动,揭示的是不同视角下的课程思政属性,而将之视作一类课程则属误读。学界常言课程思政与思政课程要同向同行、形成协同效应,这实际来自“使各类课程与思想政治理论课同向同行,形成协同效应”的表述。虽然思政课程即“思想政治理论课”,但课程思政与“各类课程”却不可以等而视之。这一认识欠缺和错误解读是课程思政被误释为课程类型的根源之一,而它与思政课程在语词构成和语序关系上的相似和相关,更加重和加深了对认识的干扰。我们认为,课程思政是在课程实施过程中力求实现育人和育才相统一,并最终指向立德树人根本任务的一项有益探索和举措。它既是教育理念的呈现,也是囊括思想政治教育在内的“牵一发而动全身”的教

① 何衡.高职院校从思政课程走向课程思政的困境及突破[J].教育科学论坛,2017(30):27-30.

② 赵继伟.课程思政:涵义、理念、问题与对策[J].湖北经济学院学报,2019,17(2):114-119.

③ 何玉海.关于课程思政的本质内涵与实现路径的探索[J].思想理论教育导刊,2019(10):130-134.

④ 何衡.高职院校从思政课程走向课程思政的困境及突破[J].教育科学论坛,2017(30):27-30.

育方法，还是一种课程教学体系和教育实践活动。

（二）课程思政的本质

当今学界对于课程思政普遍存在一种误解：以为课程思政就是单纯地挖掘课程中的“思想政治教育元素”，在所有的课程教学中植入“思想政治教育”。课程思政力求释放课程的思想政治教育功能，本无可厚非，但这仅仅是一种表面诉求，除此之外还有深层要义。归根结底，课程思政是“高校以习近平新时代中国特色社会主义思想为指导，以习近平总书记关于教育的重要论述为根本遵循，落实立德树人的根本举措”[①]，所谓立德树人，亦即追求育人和育才相统一。长期以来，我们总将“教书育人”挂在嘴边，而现实情况是——要么“只教书不育人”，教育者演变成了“教书匠”；要么“只育人不教书”，教育者异化成了“说教者”。其中，尤以前者为甚。课程思政是对这一极端趋势的纠正，致力于使各类课程皆可做到知德共栖，实现人才“双育”。然而，在实践中，课程思政常常被摇摆到另一极端，又有“用力过猛”之嫌。我们认为，若要达到对课程思政的正确理解，必须切实回归到立德树人这一根本任务上来。立德树人的基本内涵可分为“立德”和“树人”两个层面。“立德”思想可以追溯到先秦时期“三不朽”的人生理想，语出《左传·襄公二十四年》：“大上有立德，其次有立功，其次有立言，虽久不废，此之谓不朽”。三者分别对应三种角度：道德操守、事业功绩和思想言论，以立德为最高，立功、立言统一于立德。“树人”概念最早出自《管子·权修》的“一年之计，莫如树谷；十年之计，莫如树木；终身之计，莫如树人”。管仲的树人思想内涵丰富，包含着以道德培养、教化百姓为宗旨的道德教育，以促进生产、稳定社会为目的的职业教育，以及废私立公、德法并重、“百年树人”的终身教育等具有重要意义的教育理念。[②] 在传统语汇中，“立德”和“树人”是分称的，各有其意。立德树人成为一个重要论域，则以 2007 年 8 月 31 日胡锦涛同志在全国优秀教师代表座谈会上的讲话为标志。党的十八

① 韩宪洲.深化课程思政建设需要着力把握的几个关键问题[J].北京联合大学学报(人文社会科学版),2019(2):1-6,15.

② 刘娜,杨士泰.立德树人理念的历史渊源与内涵[J].教育评论,2014(5):141-143.

大将立德树人正式确立为教育的根本任务。

很长一段时间，学术界基本达成这样一种共识：立德树人是一个德育命题，强调育人必须坚持德育为先。[①] 这虽有一定的道理，但也值得商榷。立德树人强调德育，但是强调德育并不等于立德树人，前者充其量只对应“立德”的概念，而无法囊括“树人”之意涵。所谓立德树人，“立德”是树立德业，“树人”指培养人才。前者“强调的是人之为人的根本”[②]，后者“强调的是人才培养目标的全面性”[③]。立德树人思想中的“强调德育”是与人的全面发展理念相联系的，是“在德育为先前提下的全面树人以及全面树人基础上的德育为先”[④]。从“立德”“树人”的原意（尤其是后者）中即不难看出立德树人的意蕴之广——不仅关乎德育，还包括智、体、美、劳等诸育，力求培养德才兼备、和谐发展之人，这也正是课程思政的根本旨归所在。

统而观之，人才培养是一个育人和育才协同并进、不可偏废的过程。其中，育人是育才的前提条件和必要基础，有德无才至多培养“半成品”“残次品”，有才无德却可能造就“危险品”；育才是育人的继续深化和必然要求，“有德而无才者虽不能造福一方，但总能行走于世”，但若只求成人不求成才，国家建设、社会发展和民族复兴也就无从谈起。因此，社会主义事业发展要求必须实现育人和育才的“共赢”，要求我们必须培养中国特色社会主义事业的合格建设者和可靠接班人，绝非钱理群教授所批判的“精致的利己主义者”，也非威廉·德雷谢维奇笔下“常青藤的绵羊”，更不是梁思成先生口中的“半面人”或“半个人”——“只懂技术而灵魂苍白的空心人”或“不懂技术而侈谈人文的边缘人”。这就要求课程思政要实现对专业课、综合素养课等非思政课程的思想引导和价值引领。反过来，专业课、综合素养课等非思政课程也要积极为思想政治理论课提供学术资源和学科支撑，尽可能地让所有课程都能达到育人和育才的有机统一，使学生都能结合自身条件实现德才兼备、和谐发展的终极愿景。

---

① 杨兴林.关于高校立德树人问题的思考[J].重庆高教研究，2018(1)：118-127.

② 刘娜，杨士泰.立德树人理念的历史渊源与内涵[J].教育评论，2014(5)：141-143.

③ 刘娜，杨士泰.立德树人理念的历史渊源与内涵[J].教育评论，2014(5)：141-143.

④ 杨兴林.关于高校立德树人问题的思考[J].重庆高教研究，2018(1)：118-127.

二、界域之问：哪些课程需要课程思政

作为旨在实现教育教学相融的一种理念，课程思政理当面向所有课程，即致力于使全部课程都兼具人才“双育”的实现条件和内容要求。就呈现形式看，课程思政不仅要面向显性课程，也不能忽视隐性课程。就高校课程类型的一般划分来说，不仅通识课程需要课程思政，专业课程也需要课程思政。思想政治理论课作为通识课程中专门关注思想政治教育的一类关键课程，常被单独列出。学术界也通常将思想政治理论课、综合素养课（亦即通识课）和专业课并称为思想政治教育“三位一体”的课程体系，三类课程的课程思政往往呈现出不同的角色期盼和实施重点。

（一）非思政课程必须课程思政

综合素养课作为实施通识教育的主要载体，必须接受课程思政的洗礼。原因有二：其一，综合素养课与思想政治教育在教育内容上具有互通性。有学者指出，通识教育内容有广义和狭义之分，广义的通识教育包括除专业教育之外的所有内容，兼及显性课程和隐性课程两大部分，前者又可分为共同必修课和狭义通识课程。① 从该意义上看，承载高校思政教育重心的思想政治理论课是共同必修课的重要组成部分，其本身就是通识课程的题中之义。其二，综合素养课与思想政治教育在教育理念上具有一致性。综合素养课或通识课程的基本精神是培养整全之人，即具备远大眼光、通融识见、博雅精神和优美情感的人，它是“学生在整个教育过程中，首先作为人类的一个成员和一个公民所接受的那部分教育”②，这与课程思政的目标诉求可谓异曲同工，即都追求“成人”的教育，在“成人”的基础上再求“成才”，最终实现塑就“完人”的旨归。

专业课程思政是课程思政建设中极其重要的一部分。与专注于思想政治教育的思想政治理论课不同，也有别于致力于培养“完人”的综合素养课，专业课直接表达的是一种“成才”式的教育。当然，这并不代表专业课程“唯育才”而与育人无涉。一方面，专业课程落实人才“双育”是必要的。人

---

① 庞海芍.通识教育的三个层面[J].复旦教育论坛，2007(1)：24-29.

② 杨春梅.通识教育：本质与路径[J].现代教育科学，2004(7)：7-10.

们对于课程本质认识的不断深化使得课程本应具备的“人性”成分逐渐凸显而“物性”减弱,课程所反映出的价值取向从教育者转向了受教育者,更加重视人的发展。这就要求专业课教学除了应实现育才功能外,还要关注育人作用的发挥。另一方面,专业课程落实人才“双育”也是可行的。专业课本身所潜藏的文化基因和价值范式,决定了对专业课程进行思政建设具有可行性。所有的专业课可以充分发挥自身的特色和优势,将自身内在的文化基因和价值范式转化为“育人要素”,实现知识建构、能力培养和精神塑造、价值引领的有机统一。

专业课程通常分为哲学社会科学课程和自然科学课程,两类课程的课程思政侧重点存在差异。哲学社会科学课程“旨在揭示人类社会生活的多样事实、内部结构和发展规律,研究的是关乎人的发展与社会发展的基础性和根本性问题”①。这类课程具有一定的社会主义意识形态色彩,更加强调“底线意识的坚守”②,也就是将课程自带的社会主义意识形态以课程思政的过程和方法进一步凸显和深化,特别是在涉及西方思想的课程中,更要坚定马克思主义的立场、观点和方法,坚持中国特色社会主义的道路自信、理论自信、制度自信、文化自信,处理好借鉴学习“度”的问题,而非一味“崇洋媚外”。自然科学课程更加关注“育人意识的提升”③,虽然自然科学课程可谓一切课程中意识形态最不明显的课程,但其同样能够发挥育人效应。自然科学课程落实课程思政的重点在于体现马克思主义哲学原理的科学思维,探索科学、追求真理的科学精神,热爱祖国、服务人民的伟大情怀,运用科学造福人类而不是毁灭人类的科学伦理。④ 充分挖掘自然科学课程的思政元素、发挥自然科学课程的育人作用并非为育才功能“锦上添花”,二者需置于同等重要的地位不可偏废,毕竟“没有明确的价值观指导,教育只会滑

① 石丽艳.关于构建高校课程思政协同育人机制的思考[J].学校党建与思想教育,2018(10):41-43.

② 万林艳,姚音竹.思政课程与课程思政教学内容的同向同行[J].中国大学教学,2018(12):52-55.

③ 万林艳,姚音竹.思政课程与课程思政教学内容的同向同行[J].中国大学教学,2018(12):52-55.

④ 成桂英.推动课程思政教学改革的三个着力点[J].思想理论教育导刊,2018(9):67-70.

落为技能训练和满足个人利益的工具;没有价值观的教育,还很可能会培养出反教育、反人类的'人才'"[①],这对与社会生产密切相关、代表先进科学技术的自然科学课程来说尤其如此。

(二)思政课程更要课程思政

一直以来,学界常将课程思政与思政课程置于等量齐观的地位,类似"要使二者同向同行"的表述屡见不鲜。如前所述,这在很大程度上是对习近平总书记关于"使各类课程与思想政治理论课同向同行"重要指示的误读。由此导致的结果之一,是误认为课程思政仅针对综合素养课和专业课而言,释放这些课程的思想政治教育价值。事实上,课程思政作为一种理念而非课程,其统摄面并不只限于非思政课的课程思政,思政课程的课程思政更不能缺少。"思政课程和其他各门各类课程一样,都是落实'课程思政'理念,发挥立德树人功能的具体课程"[②],思政课程的课程思政建设甚至还是匹马当先的一环。

思政课程之所以需要课程思政并作为其不可或缺的首要环节,原因有二:一是取决于思政课程本身所占据的特殊地位;二是源自走出思政课程教学困局的现实诉求。首先,思政课程的特殊地位体现在它是"立德树人的'不可代替'的'关键'课程,关系解决培养什么人、怎样培养人、为谁培养人这个根本问题"[③]。2019年3月18日,习近平总书记在学校思想政治理论课教师座谈会上指出:"我们办中国特色社会主义教育,就是要理直气壮开好思政课,用新时代中国特色社会主义思想铸魂育人,引导学生增强中国特色社会主义道路自信、理论自信、制度自信、文化自信,厚植爱国主义情怀,把爱国情、强国志、报国行自觉融入坚持和发展中国特色社会主义事业、建设社会主义现代化强国、实现中华民族伟大复兴的奋斗之中。"可见,思政课程不仅关乎人才培养工程的微观视角,更同社会发展、民族复兴等宏大命题

---

① 崔允漷,陈霜叶.三个维度看立德树人的本质内涵[N].光明日报,2017-05-09(13).

② 韩宪洲.深化课程思政建设需要着力把握的几个关键问题[J].北京联合大学学报(人文社会科学版),2019(2):1-6,15.

③ 唐景莉,李石纯.怎样加强新时代思政课建设?——对话高校六位思政课教师[J].中国高等教育,2019(9):21-26.

紧密相连。因此,着力落实思政课程的课程思政建设,有效发挥其人才“双育”功能,显得尤为重要。其次,强调思政课程的课程思政建设并视之为首要环节是对当前思政课程教学弊端的一种积极回馈和扭正。我们认为,当下的思政课程教学面临三大现实困境:一是课程内容相对陈旧,对于新思想、新观念、新主张的吸收与阐述不到位;二是课程教学的形式过于单一且单调,对于新媒体、新方法、新手段的了解与运用不充分;三是授课教师的积极性、主动性和创造性不够高。

那么,如何推进思政课程的课程思政建设呢?从内涵来说,应持续不断地吸纳思政课程建设的新元素,及时吸取中国特色社会主义建设的最新实践成果、马克思主义中国化的最新理论成果、哲学社会科学发展的最新学术成果,使之有机融入体现区域特色和院校风格的思政课程当中,保证高校育人、育才工作时刻流动新鲜血液,推陈出新、与时俱进。就外延来说,要大力加强思政课程的“课程群”建设。一方面,按照“大思政”的建设理念和要求,突出马克思主义理论学科的领航和指向作用,强化“马学科”对思政课程建设的支撑力量;另一方面,积极探索思政课程与哲学社会科学课程的一体化建设,特别是与四门主干思政课程密切相关的哲学、政治学、经济学、法学、伦理学等学科,以期为思政课程提供直接或间接的学术资源和学术养分,使之不仅能够高质高效育人,而且可以发挥育才效用。另外,切实提升思政课程教师的人才“双育”意识以及教学能力和教学素养,亦是不可忽略的一项重要举措。

三、实践之问:各类课程与思想政治理论课如何协同共生

无须赘言,课程思政旨在传达这样一种理念,就是“使各类课程与思想政治理论课同向同行,形成协同效应”。这意味着以课程思政为主线和灵魂串联起来的一切高校课程内含两层关系:思想政治理论课与其他各类课程既各自独立,又彼此依存。独立性和依存性犹硬币之两面,是课程思政实践过程中高校课程相互关联的两个不可分割、互为表里的维度。

(一)认清思想政治理论课与其他各类课程的相互独立性

所谓独立性,或称差别性、异质性,是区分事物之所以是为“此物”而非“他物”的基本指标,以及对不同事物进行比较的前提条件。如前所述,思想政治理论课、综合素养课和专业课共同构成三位一体的思政课程体系。三者各司职守,承担不同的使命,彼此之间存在质的区别。思想政治理论课的目的在于培养学生具备契合一定社会发展需要的思想道德与思想政治素质,使之树立正确的世界观、人生观、价值观以及政治观、道德观和法治观等,内容一般涵涉思想观念、政治品质、道德人格和法治意识四个方面;而综合素养课或通识课是一类旨在提高学生综合素质、培养“完人”的课程载体,力求塑造知识面宽、能够融会贯通地运用多学科知识解决问题且身心健全发展之人;专业课程则是当前普遍盛行的专业培养模式之下为某一特定学生群体所修习的主干课程,学科领域往往较为集中,意在培育高级专门人才。

这三类课程常常存在交叉或共通之处,如综合素养课教学时常穿插来自专业课程的某些内容,思想政治理论课在施加思想政治教育影响的同时势必要以马克思主义学科的相关知识作为载体,专业课程教学又总带有世界观、人生观、价值观的教育意味或意蕴。但必须明确的是,这些交叉或共通并不否定或抹杀它们的独立性。思想政治理论课与其他课程各自独立本是不言自明的,但在实践中却是不尽如人意,主要表现为相互对立的两种错误倾向:一是非思政课程的思政化改造;二是思政课程的非思政化改造。

从根本上看,非思政课程的思政化改造,源自对课程思政理念的认识不清与把控不当,致使在落实综合素养课、专业课等非思政课程的思政化过程中走向了极端,即主观认为或在实践中有意无意地秉持课程思政建设就是“将一切课程朝着思想政治理论课方向改造”的想法。最典型的表现是在综合素养课、专业课教学中生拉硬扯、强行嫁接地实施思想政治教育,无视思想政治理论课与实现其他课程的课程思政在内容、职能、方式方法上的区别。如思想政治理论课教学内容以传授思想政治教育理论为主,采用正面说教、知识灌输的形式,而综合素养课、专业课的课程思政更加关注思想政治价值引领,采取的是潜移默化、润物无声的教育方式。二者虽然都需实现人才“双育”之效,却各有侧重,前者重点指向育人,后者(尤其是专业课)则重在育才。若企图通过非思政课程的思政化改造而达到课程思政,非但无法实现目的,更会导致本末倒置。

当前学术界普遍呼吁思政课程与课程思政的互促互补,确切地说,是思想政治理论课与其他课程包括综合素养课、专业课的互促互补。其要义在于,不仅要强化思想政治理论课对其他课程的支持引领,而且要保证其他课程尤其是哲学社会科学课程对思想政治理论课的促进作用。它们为思想政治理论课提供学术资源和学科支撑,保障后者兼可育才,这本无可非议,但应拿捏好“度”的问题,否则思想政治理论课就会演变成其他课程,即思政课程的非思政化改造是非常危险的,必须牢牢坚守住意识形态阵地。

(二)找准思想政治理论课与其他各类课程的相互依存性

思想政治理论课与其他课程的同向同行、协同并进源于立德树人这一根本任务。立德树人旨在实现人才“双育”,“立德”是人之为人的根本,关注的是育人工作;“树人”追求人才培养的全面性,而将育才任务囊括其中。作为“使各类课程与思想政治理论课同向同行,形成协同效应”的唯一通道,立德树人既是二者协同并进的起点——作为初始位置的目标所在,奠定耦合之基,又是协同并进的终点——将初始位置的应然目标转换成实然结果,寻找立足之地。同时,立德树人还是支点,提供动力之源,支撑起从应然到实然的整个进路。在落实课程思政、实现人才“双育”的过程中,思想政治理论课与其他课程并非“分管一边”,而是“一齐发力”的,即不是思想政治理论课专管“立德”、其他课程专管“树人”,必须将立德树人视为高校课程的共同任务与目标诉求。

这就要求思想政治理论课、综合素养课和专业课在保证各自独立、重点突出的同时,做到德智融合、平衡兼顾,一门课的育人性和育才性应当兼及,二者皆有实施的必要。就思想政治理论课而言,在以马克思主义的立场、观点、方法武装个体,形塑世界观、人生观、价值观的同时,完成的不仅是思想政治教育任务,而且会伴随知识、能力、素养方面的建构与提升。综合素养课可以开阔学生视野,使之融会贯通地掌握多学科知识以解决现实问题,更致力于促其作为一个公民所需具备的个人素养和精神品格的生发与升华。至于专业课程,任课教师在向学生传授专业知识、培育专业能力的同时,应当挖掘蕴藏其中的思想政治教育元素,将其中正确的思想观念、价值取向以或显或隐的方式呈现给学生,确保专业教育不至于走偏方向。当然,各类课程实施人才“双育”并不等于平均用力,对于不同课程类型、层次而言,必须根据具体情况有所偏倚。

(三)抓牢思想政治理论课与其他各类课程协同共生的发力点

一是教师方面,师资力量是事关课程思政实施质量的一个关键因素。根据课程类型的不同,我们可将教师群体分为三类:思想政治理论课教师、综合素养课教师和专业课教师。首先,三类教师都要强化人才“双育”意识,尤其是对思想政治理论课和专业课教师而言,前者需就教学过程的知识和能力方面在现有基础上予以更多重视,后者则要转变观念,“不能只做传授书本知识的教书匠,而要成为塑造学生品格、品行、品位的‘大先生’”①。其次,要提升人才“双育”的能力和素养。各类教师应立足自身实际补齐短板,如思政课教师要及时吸取其他研究领域尤其是“马学科”的相关成果,保障思政教育水平的同时提升发挥思政课育才作用的能力;专业课教师要注重提升思想政治理论水平。

二是教材方面,“教材建设是国家意志的体现,对意识形态属性较强的哲学社会科学教材和其他课程的教材都要深入研究‘教什么’、‘怎样教’等育人的本质问题”②。在思想政治理论课、综合素养课和专业课的教材编订中,要有意识地将思想政治教育元素与知识、能力统合起来。

三是管理方面,相关领导层、管理层应当切实加强管理体制机制的改革创新,做好顶层设计和统筹安排,通过落实党委的主体责任、建立健全的组织机制、制定完备的规章制度等举措,为人才“双育”目标的达成、立德树人任务的最终实现保驾护航。

---

① 习近平寄语教师金句:要成为塑造学生的“大先生”[EB/OL].(2018-09-07)[2020-06-10]. http://cpc.people.com.cn/xuexi/n1/2018/0906/c421030-30276689.html.

② 邱伟光.课程思政的价值意蕴与生成路径[J].思想理论教育,2017(7):10-14.

综上所述,课程思政是课程与政治的有机结合,这种结合是以知识为载体而形成的“化合物”而非“混合物”,强调各类知识所负载的政治属性和社会价值,在根本上体现为知识政治。因此,课程思政不仅要关注课程知识本身的逻辑体系,还要关注课程知识与人才培养之间的互嵌关系,更要关注课程知识与社会发展、民族振兴、国家富强之间的互动关联。

第四讲
课堂教学:一场“静悄悄”的革命

提升大学课堂质量是打造一流本科教育的应有之义。当前我国大学课堂亟须经历一场“静悄悄”的革命,但课堂革命何以可能则是学术界与实践界共同面临的一个尚未完全解答的现实议题。这场课堂革命突破口在于研究性教学,其根本旨趣在于借助立体课堂重新定义大学课堂,即从传统单维课堂走向新型立体课堂。研究性教学的实践策略在于运用分类思维重新形塑大学课堂,即从笼统的教学模式走向多样化、可选择的教学模式,包括田野式教学、研讨式教学、案例式教学、实验式教学以及启发式教学等。研究性教学的主要挑战在于如何破除教师与学生的主体性恐惧以及学校层面的资源配置问题与制度性阻滞,即我们必须从改革伦理的视角重思大学课堂革命,并重启大学课堂改革的动力。

一、大学课堂亟待一场“静悄悄”的革命

大学课堂是高等教育人才培养的首要阵地,也是衡量高等教育质量的核心要素,更是建设高等教育强国的微环境。正因如此,大学课堂革命成为一个有待深入探究的理论话题,也是摆在高等教育工作者面前的一个实践议题。大学课堂革命既是一个世界性的普遍课题,也是当前我国高等教育发展进程中不可绕过的一道现实命题。可以说,大学课堂革命是纾解当前我国高等教育痼疾的一种现实诉求,也是对知识再生产模式不断更迭的一种历史回应,更是因应后现代大学时代来临的一种长远抉择。

(一)作为现实诉求的大学课堂革命

诚然,“钱学森之问”拷问的是拔尖创新人才培养体制难题,但也不免映

射出我国大学课堂所存在的种种弊病。这些问题将当前大学课堂业已存在的“旧伤”与“新病”暴露无遗。第一,“满堂灌”的课堂教学在较大程度上消磨着教师的教学激情、消耗着学生的学习热情,从而对教师的教学学术与学生的个性发展少有裨益。第二,“插秧式”的组织形式对师生互动、学生交流造成一定的空间障碍,如何实现师生之间的知识建构、加强师生之间的情感沟通成为传统大学课堂难以逾越的鸿沟。第三,“低头族”的学生群体开始涌现出来,这是在信息社会背景下大学课堂遭遇的外部挑战,同时也是学生对枯燥无趣大学课堂的一种反叛。大学课堂俨然成为争夺学生注意力的战场,传统教学方式对此未能提出较好的解决方案,也很难做出实质性的自我修正。第四,“走弯路”的变革方式正在持续消耗着人们对大学课堂变革的热情与期待。当前在许多高校中盛行的无手机课堂、点名式课堂、摄像头课堂、心灵鸡汤课堂等似乎成为扭转现实中课堂困境的某种策略,但这种无奈之举模糊了人们对理想课堂的憧憬,这就更加表明真正的大学课堂革命势在必行。

上述现象无不反映出大学课堂急需一场较为彻底的结构性变革,以此来兑现提升高等教育质量的庄严承诺。实事求是地说,大学课堂革命不是也不应该是一场轰轰烈烈的改革闹剧,而应该通过寻求一个改革突破口,稳步推进这场意义重大、关乎久远的教育改革实践。在此,借用日本著名学者佐藤学“静悄悄的革命”这一说法①,加以迁移用以描绘大学课堂革命的总体状态。即这场革命要求我们在大学课堂教学的根本理念、制度设计以及具体措施上做出相应的结构性调整。从这个意义上说,大学课堂革命绝非一蹴而就的革命运动,而是一场持续蔓延的浸润式教育变革。这是因为大学课堂变革深深嵌套于高等教育实践的文化范畴之中,从而这场需要“静水流深”的课堂变革越是缓慢的,可能才是越理性的、审慎的,也才可能使高等教育变革走上正确道路,否则难免有南辕北辙之虞。

① 佐藤学.静悄悄的革命:课堂改变,学校就会改变[M].李季湄,译.北京:教育科学出版社,2014:1.

(二)作为历史要求的大学课堂革命

如果说学校教育是知识再生产最主要的途径,那么大学课堂则是高深知识再生产最重要的阵地。无论我们承认与否,大学教学理念与实践都在持续经历着知识再生产模式的变迁与重塑,从而引发了始料未及的"静悄悄"的大学课堂革命。

历史地看,不同时代的大学教学活动出现了三种不同样态的知识再生产模式,如表4-1所示。农业文明时代的大学教学活动主要属于知识再生产模式Ⅰ,"手工作坊式"的大学课堂天然地选择了个别教学制的组织形式,通常依靠对经典的重述或阐释来传递知识。工业文明时代的大学教学活动主要属于知识再生产模式Ⅱ,"批量生产式"的大学课堂自然而然地选择了班级授课制的教学组织形式,标准化、程式化的教学内容与教学方法既适应了近代社会的总体诉求,又孕育着后现代大学课堂的变革动力。后工业文明时代的大学教学活动主要属于知识再生产模式Ⅲ,"私人订制式"的大学课堂呼唤小班化教学组织形式的出现,探究式、个性化的教学内容与教学方法成为当今大学课堂变革的主旋律。不容否认,班级授课制依然是大学场域主要的教学组织形式,但作为变革趋势的小班化教学正在释放出源于学生内心的教育力量。

表4-1　大学三种不同的知识再生产模式

模式 维度	知识 再生产模式Ⅰ	知识 再生产模式Ⅱ	知识 再生产模式Ⅲ
所处时代	农业文明时代	工业文明时代	后工业文明时代
课堂类型	"手工作坊式" 大学课程	"批量生产式" 大学课堂	"私人订制式" 大学课堂
教学内容与方法	对经典的重 述或阐释	标准化、程式化 的内容与方法	探究式、个性化 的内容与方法
教学组织形式	个别教学制	班级授课制	小班化教学

从这个意义上说,大学课堂革命从未停歇,且目前正处于从知识再生产

模式Ⅱ向知识再生产模式Ⅲ过渡的关键阶段。教学组织形式的变革是大学课堂最直观的变革内容，“教室革命”归根结底体现的是教学内容与教学方法的变革，更加根本的是折射出不同时代背景下人才培养目标的历史变迁与调整。这就意味着，大学课堂革命是一个普遍与特殊的统一，是一个历史与逻辑的统一，是一个形式与内容的统一，从而具备了变革的必要性、迫切性与现实性。在此背景下，我们需要回答：大学课堂革命何以可能？这是当前我国学术界与实践界共同面临的一个尚未完全解答的现实议题。

(三)作为长远抉择的大学课堂革命

不夸张地说，中国大学已经进入后现代时空，高等教育大众化乃至普及化要求大学课堂必须对多元化的学生诉求做出相应的回应，从而对强调统一化、标准化的灌输式课堂表现出较为彻底的拒斥态度。当前，在高等教育领域蓬勃兴起的翻转课堂、大学慕课以及课堂研讨等都是对传统式教学的部分矫正。展开来说，翻转课堂是从教学环节上重构教学流程，大学慕课是从技术层面为课堂变革带来一股清新空气，而课堂研讨则是在方法层面为发挥学生主体作用提供了一种具体操作。但不得不说，上述策略仅仅是从某个角度对传统式教学的弊病做出某种疗治，并非为计深远的长远抉择。我们不妨扪心自问：当前的大学课堂可以面对未来个性张扬的学生吗？可以培养学生应对未来的知识、能力与素养吗？也许我们会得到一个比较悲观的答案。如何从整体层面、长远角度来推进这场“静悄悄”的大学课堂革命，是我们必须审慎思考的重大问题。

相比之下，以研究性教学为典型代表的大学创新教学不仅在知识观、实践观和人才观三个方面深刻批判了传统教学模式所竭力维护的理论基础①，而且在实践层面对不同高校、不同学科、不同课程、不同教师以及不同学生更具有适应性与包容性。更为现实的是，研究性教学在较大程度上可以扭转“满堂灌”的教学方式、“插秧式”的组织形式、“低头族”的学生群体以及“走弯路”的变革思路所形成的不利局面。是故，研究性教学理应成为我国当前大学课堂革命的突破口所在，更应该成为面向未来50年乃至100年高

① 解德渤.大学创新教学的三大理论批判[J].现代教育管理,2018(6):103-107.

等教育人才培养的长远抉择。值得体味的是,早在2005年,教育部印发的《关于进一步加强高等学校本科教学工作的若干意见》第11条就提出:“积极推动研究性教学,提高大学生的创新能力。”但为什么时至今日大学课堂革命依旧没有取得预期成效呢?不得不说,我们对研究性教学的总体认识存在误读之处,这是大学课堂革命的观念桎梏;对研究性教学的具体实践存在模糊之处,这是大学课堂革命的实践难题;对研究性教学的可能挑战存在不明之处,这是大学课堂革命的条件限制。正因如此,我们尝试从研究性教学的旨趣、实践及挑战三个方面整体性地剖析如何推进这场“静悄悄”的大学课堂革命。

二、研究性教学的根本旨趣

简单来说,研究性教学就是将研究性元素融入教学活动之中,旨在促进教师与学生的共同发展。研究性教学不仅是一种教学理念,也是一种教学模式,更是一种教学行动。但在此,我们更需要澄清的是,研究性教学的根本旨趣是什么?这是一个前置性命题,也是一个根本性命题。显然,直接回答这个问题并不容易,我们可以从问题的反面进行思索:当下我们对研究性教学存在哪些误读?如果这个问题得以解答,那么研究性教学的根本旨趣这一命题也就迎刃而解。实事求是地说,传统式教学属于一种灌输式的外倾路径,而研究性教学则属于一种引导式的内倾路径。研究性教学的根本旨趣与生命力恰恰在于,实现对大学课堂的重新定义,继而克服传统式教学的种种弊端,最终兑现提升高等教育质量的无言承诺。较为普遍的一种认识是,研究性教学就是某些教师在45分钟课堂上将某些课程知识采用自主学习、合作学习或探究学习等方式传递给学生的行动。仔细思量,这种认识包含着最常见的对研究性教学的四重误读,这些误读现象依然落入传统式教学的窠臼,这就成为制约大学课堂变革的观念障碍,我们应该对此予以辨识并在此基础上揭示出研究性教学的根本旨趣。

(一)研究性教学的适用范围

研究性教学是不是只适用于研究型大学?研究性教学是不是只适用于部分教师?研究性教学是不是只适用于教学的某个环节?① 研究性教学是不是只适用于部分专业?研究性教学是不是只适用于某些课程?研究性教学是不是只适用于某些学生?在许多学校与教师的意识和行动中,我们或多或少地都可以察觉到某些偏差。这些误读在很大程度上窄化了研究性教学的适用范围,由此所引发的大学课堂变革效果也大打折扣,反过来就进一步限制了研究性教学在大学课堂革命中理应发挥的独特的作用。由此而言,我们可以通过研究性教学着力推动不同高校、各个专业教学质量的提升,进而为培养相关领域的创新人才提供原初能力与动力。我们可以让大部分学生通过研究性教学,拥有参与感、获得感与幸福感,从而让学生发自肺腑地热爱学习。我们可以让大部分教师通过研究性教学,拥有尊严感、发展感与幸福感,从而让教师发自肺腑地投入教学。即研究性教学旨在推动大学课堂走向一种全方位、全员式的适用范围变革。

(二)研究性教学的时空概念

研究性教学的时间之维是不是 45 分钟?研究性教学的空间之维是不是教室?这些问题回答起来并不困难。研究性教学不应该被局限在 45 分钟这个固定的时间概念之中,也不应该被局限在上课教室这个固定的空间概念之中,否则深具时空延展意义的研究性教学就会被人为地阉割,同时大学课堂革命也不免沦为一句口号。与传统式教学相比,研究性教学通过合理的教学设计将课前、课中、课后等教学环节有机统一起来,将教室、研讨室、图书馆、实验室甚至研究田野等教学空间有机整合起来,从而实现了对大学课堂的重新定义,使得狭义的课堂观念迈向广义的课堂观念。易言之,传统式教学是“以课堂为中心”,而研究性教学则是要使大学课堂走向多中心、去中心,从而契合后现代大学的基本精神。反观现实,当前在高等教育领域异常流行的一句话就是“向课堂要质量”。殊不知,课堂质量的提高,基础在课堂,但关键在课外。即研究性教学旨在推动大学课堂走向一种跨时

---

① 别敦荣.研究性教学及其实施要求[J].中国大学教学,2012(8):10-12.

段、大空间的时空观念变革。

（三）研究性教学的主体地位

当下许多教师存在一个较为普遍的误解，把研究性教学几乎等同于把课堂交给学生。这种打着改革名义的课堂很可能会从一个泥淖落入另一个陷阱。显然，这是对美国杜威所倡导的“学生中心”的一种误读。“学生中心”的深层含义是以学生的发展为中心，而不是以学生的意愿为中心，遑论违逆学生意愿的学生中心论调。在大学课堂管理中，“给学生赋权”不仅仅是教育者的成功，同样也是教育活动以及学生群体的内在诉求与可能期许。实事求是说，优秀教师在建构式的大学课堂之中非常享受思想碰撞所带来的激越与轻松，同时大多数学生也非常享受沁润于课堂之中所感受到的内心充盈与知识力量。然而有一部分大学教师在课堂教学中俨然也是很轻松的，实属“甩手大掌柜”，课堂竟由学生“轮流坐庄”，你讲一节，我讲一节。这样看似赋权实则推卸教师责任的教学很难称之为“研究性教学”。诚然，大学课堂不是传统式教学固守的“教师中心”，也不应该是偏执的“学生中心”，理应寻找教师与学生的主体间性，抑或确立教师与学生的“双主体”地位。其中，教师在研究性教学中扮演教学内容的设计者、教学进程的引导者以及学生发展的促进者，学生则扮演教学内容的构建者、教学进程的参与者以及自我发展的主导者。即研究性教学旨在推动大学课堂迈向一种民主式、双驱动的主体观念变革。

（四）研究性教学的知识观念

在知识观上，传统式教学强调系统知识的传授，秉持客观主义的知识观，而不少研究性教学的“摇旗呐喊者”则对系统知识传授采取了较为彻底的批判立场，推崇相对主义的知识观，甚至将建构主义的教学理念推向极致。实际上，这是对研究性教学知识观念的片面化理解，也容易将大学课堂置于一种知识不确定的境遇之中。实事求是地说，大学课堂不能回避确定性知识，更不能脱离不确定性知识。如果大学课堂不强调确定性知识的传授，而是一味地强调知识的建构性，那么高深知识很容易滑入虚无的深渊。反过来，如果大学课堂缺少不确定性知识的渗透，而是单纯强调知识的传递性,那么高深知识不仅丧失其独有的魅力,也会因为知识传输过程中的“损耗”而导致大学课堂教学效果不佳。正因如此,真正意义的研究性教学秉持的是一种综合知识观。在此知识观之下,“学生可以系统地了解已有知识结论,并且他们对已有知识的学习不是被迫的、填鸭式的,而是通过研究这一形式主动建构出来的,是真正地掌握了这些知识,从而为未来的研究奠定了坚实的基础”①。即研究性教学旨在推动大学课堂走向一种温和式、整合式的知识观念变革。

(五)重新定义大学课堂

依循上述分析,我们可以做出这样一个基本判断:研究性教学的根本旨趣在于,借助“立体课堂”重新定义大学课堂,使其从传统单维课堂走向新型立体课堂。展开来说,传统单维课堂通常是以知识传递为中心、以局限教室为中心、以教师角色为中心,从而学生很容易被塑造成统一的、标准化的模型。从这个角度来说,“教育活动最大的误区是教育者过于执着于自己的目标,而无视受教育者的主体感受,从而把外部目标当成了教育活动的强迫目标,受教育者在这一目标前只能服从”②。相比之下,“立体课堂”不是平面的、一元的,而是立体的、多元的课堂教学格局,由此迈向多维的教学目标、广阔的课堂空间以及多样的教师身份,从而可以根据学生的不同需求及潜能进行教育,并使不同的潜能得以充分地挖掘和实现,即学生个体心灵的解放与塑造。如此一来,研究性教学就具备了兑现大学课堂革命时代承诺的认识基础。

那么,“立体课堂”的可能图景是什么样子的呢?首先,我们在第一课堂理应鼓励教师开展大学创新教学,探索研究性教学模式,主要通过分组讨论、小组汇报或案例教学等方法来激发教师的教学热情、提高学生的学习兴趣,这是“立体课堂”的基础向度;其次,我们在第二课堂理应依托先进的教学媒介、实验设备以及其他教育资源,开展线上学习、实验观察或课余教学

① 周序,张祯祯.我们需要什么样的研究性教学?——关于“一流教学”建设的思考[J]吉首大学学报(社会科学版),2018(6):131-137.

② 王洪才.心灵的解放与重塑:个性哲学的终身教育论[M].北京:教育科学出版社,2011:13.

活动,以此来培养学生的自主学习和动手操作能力,这是“立体课堂”的延展向度;再次,我们在第三课堂理应依托科研项目或实习实训基地,加强学生的科研规范训练、接触社会实践前沿,据此来培养学生的科研潜质或实践品质,这是“立体课堂”的纵深向度。这样的话,研究性教学就大大拓宽了传统大学课堂在适用范围上的疆界,并通过打造“立体课堂”极大拓展了传统大学课堂在时空维度上的边界,进一步模糊了传统大学课堂在主体维度上的界限,并超越了传统大学课堂在知识维度上的二元对立。因此,重新定义大学课堂是研究性教学的根本旨趣所在,这就为大学课堂革命做好了充足的理论准备。

三、研究性教学的分类实践模式

(一)研究性教学的总体行动选择

目前大学课堂革命已经在国内许多高校陆续启动,并已取得阶段性的改革成果[①],其中尤以四川大学为典型。总体来看,大学课堂革命主要以研究性教学为突破口,并辅以相应的配套措施,其行动选择主要包括以下几点:第一,在课程设置上,为大学一年级的学生开设“新生研讨课”,初步形成探究学习、合作学习的基本意识与体验;第二,在教学内容上,以问题为中心的教学设计日益受到教师的重视,他们通过创设一定的问题情境或模拟相应的知识场景,拉近知识学习与学生经验世界的距离,由此引发学生的好奇心与学习兴趣;第三,在教学方式上,以 MOOC(Massive Open Online Course,大规模开放式在线课程)、SPOC(Small Private Online Course,小规模限制性在线课程)为代表的线上教学、混合式教学、翻转课堂等业已成为改革新宠[②],启发式讲授、互动式交流、探究式讨论等方法越来越多地被广大师生悦纳;第四,在教学组织形式上,“小班化”教学或者“大班授课、小班研讨”抑或“中班授课、小班研讨”逐步成为大学课堂革命的共识;第五,在课堂环境方面,以教学软件、空间设计和信息集散为核心的“智慧教室”成为大学课堂

① 杨冬.大学研究性教学改革的阻力及其化解[J].重庆高教研究,2019(3):98-109.
② 解德渤,王洪才.“慕课”对我国高等教育的挑战[J].江苏高教,2015(3):71-74.

革命的重要标志,也是推进研究性教学向纵深发展的重要条件;第六,在师生关系上,从垂直式的人际关系逐步走向扁平化的人际关系成为大学课堂变革的必然趋势。即大学课堂革命是一场涉及课程设置、教学内容、教学方式、教学组织形式、课堂环境以及师生关系等多个维度的结构性变革,其变革的精髓恰恰在于研究性教学。

(二)几种常见的研究性教学模式

固然,上述研究性教学的总体行动选择值得不同类型的高校借鉴学习,但具体到不同专业、不同课程以及不同教师,仅有总体策略是远远不够的,即研究性教学的分类实践问题必须得到较为完整的解答,所以我们需要进一步探寻研究性教学在“立体课堂”中可能使用的教学策略或方法。有学者从国外具体实践的角度将研究性教学归纳为案例教学法(Case Methods of Teaching)、基于问题解决的学习(Problem-solving Studying)以及基于问题的学习(Problem-based Learning)三种模式。① 也有学者从国内个案分析的角度将研究性教学总结为问题探讨学习、课题(项目)研究以及小组合作学习三种模式。② 还有学者从不同学科差异的角度将研究性教学划分为适合于人文社会科学的研讨式教学、适合于自然科学的实验教学以及适合于工程技术学科的现场教学三种模式。③ 也就是说,学术界和实践界对研究性教学模式的认识逐步深化,但前两种划分方式属于归纳式思维,类型划分并没有穷尽且不同类型之间存在一定的交叉性或包容性,从而排他性特征不明显。如基于问题解决的学习与基于问题的学习在核心要素方面具有较大的重叠性;问题探讨学习和课题(项目)研究属于上位概念,包含作为下位概念的小组合作学习。尽管第三种划分方式对研究性教学的分类实践颇具启发意义,但是某种教学模式不应该是某个学科的“专利”,即演绎式思维容易导致对丰富教学实践的“剪裁”。正因如此,我们需要在上述划分方式的基础上

① 赵洪.研究性教学与大学教学方法改革[J].高等教育研究,2006(2):71-75.

② 单佳平.大学研究性学习模式探究:以宁波大学为例[J].宁波大学学报(教育科学版),2007(5):54-56.

③ 王洪才.大学创新教学理论与实践:后现代大学来临及其回应[M].北京:科学出版社,2018:184-186.

重新思考分类维度，以确定研究性教学的具体实践策略，即运用分类思维重新形塑大学课堂。

（三）构建研究性教学模式坐标系

与研究性教学紧密相关的维度主要包括教学活动和教学内容两个方面。就教学活动而言，研究性教学可能采取理论取向，也可能采取实践取向。前者是一种自上而下的教学思路，后者则是一种自下而上的教学思路，它们都属于研究性教学在实际运行中表现出来的外部形式。就教学内容而言，研究性教学的对象与载体均指向知识，涵括验证性知识与探索性知识两种。前者强调的是确定性知识，后者侧重的是不确定性知识，它们都属于研究性教学在知识层面上暗含的内容属性。如此一来，我们以教学活动为横轴、以教学内容为纵轴构建关于研究性教学模式的坐标系，从而形成代表不同实践策略的四个象限，如图 4-1 所示。

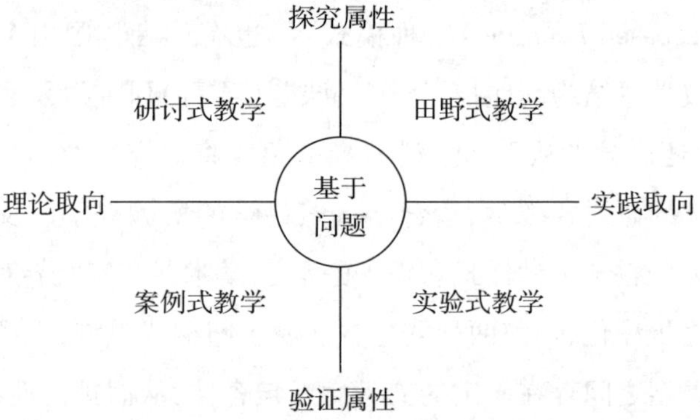

图 4-1　研究性教学的四种模式

第一象限是教学活动的实践取向与教学内容的探究属性所形成的区域，我们将这种研究性教学模式称为“田野式教学”（Field Teaching）。田野式教学是将课堂搬到“田野”或者说是现场的一种教学活动，让学生在企业、工厂、科技馆、博物馆、医院、村庄乃至野外等真实的生活场景中“萃取”问题，从而学生的经验世界或生活世界成为研究性教学的知识生长点与能力增长点。这种教学模式常应用于地理学、人类学、农学、临床医学以及一些工程技术专业等。就现实而言，这种实践式教学严重缩水，学生的实践能力得不到有效培养，这是我们必须反思并着力改变的教学痛点之一。[①] 这种教学模式具有其独特的教学空间与实践价值，但正因田野式教学对场地具有一定的特殊要求，所以通常不会作为某个专业或某门课程一以贯之的教学模式。

第二象限是教学活动的理论取向与教学内容的探究属性所形成的区域，我们将这种研究性教学模式称为研讨式教学(Seminar Teaching)。研讨式教学自1810年柏林大学创建之时就成为一种重要的研究性教学模式而延续至今。研讨式教学不止可以发生在传统的实在课堂上，我们也可以将课堂搬到研讨室、沙龙、食堂、咖啡厅、草坪以及湖畔等，即校园的每一寸空间、每一处角落都可以成为研究性教学的阵地。这种教学模式在人文社会科学与自然科学中具有较大的通用性，但需要教师在教学设计环节确定适切的研讨主题，在研讨过程中给予适当的指引，在研讨结束时对学生进行合理评价与观点升华，进而激发学生对相关问题再进行深入思考与探讨。

第三象限是教学活动的理论取向与教学内容的验证属性所形成的区域，我们将这种研究性教学模式称为“案例式教学”(Case Teaching)。可以说，案例式教学通过设定或模拟某种情境，大大缩短了教学场景与生活场景之间的差距，从而学生能够将自己置身于某种知识场景之中，有助于设想解决问题的可能方案。这种教学模式实现了对传统大学课堂的改造，目前被广泛应用于管理学、法学、医学以及工程技术类等相关专业与课程之中。当前许多学生都会发问：学习的专业知识到底有什么用？这背后揭示的是，学生只是知识的消费者而不是知识的建构者，知识距离他们当前的生活世界与经验情境有些遥远，从而引发了对知识实用性的质疑。与田野式教学相比，案例式教学适用范围更广且对理论知识传递具有特殊功用。

第四象限是教学活动的实践取向与教学内容的验证属性所形成的区域，我们将这种研究性教学模式称为“实验式教学”(Experimental Teaching)。实验式教学就是把课堂搬到实验室，学生借助一定的实验设备和相关材料，观察实验对象的变化、探寻实验现象背后机理的教学方法。这

① 杨兴林.大学本科教学方式的回归与创新[J].重庆高教研究，2017(2)：3-9.

种方法大多应用于物理学、化学、生物学、材料学以及地质学等自然科学领域之中，该方法能够让学生参与到知识生产之中，领略发现知识的魅力与惊喜、培养学生的科学精神，在技术层面有助于实现“由科学而达至修养”的“洪堡理想”。但需要注意的是，实验式教学对实验设备、教师水平都提出了较高的要求，且当前实验教学的学分、课时仍需要在教学管理制度层面做出相应的规范或调整，是故实验式教学也是任重道远。

需要澄清的是，坐标系的原点就是问题，以问题为中心来组织教学是实施研究性教学最好的路径。① 它与上述四种模式具有千丝万缕的内在联系，正因为存在相交部分，所以可以作为一种嵌入模式与其他模式进行有机整合。从另一个角度来看，它又具有属于自己的区域范围，不失为一种相对独立的教学模式，我们将其称为“启发式教学”（Heuristic Teaching）。启发式教学是一种较为传统的研究性教学模式，我们从孔子和苏格拉底那里都可以寻找到该模式的教育价值，它在大学课堂革命的背景下依然可以焕发出新的时代光彩。进一步说，启发式教学是与灌输式教学完全相对的一个概念，教师可以在各种课堂场景中较为自如地通过创设一定的问题情境，引导学生积极思维、动手操作，最终培养学生逻辑思维能力和问题解决能力。这也就说明，启发式教学是一种适用范围最广的研究性教学模式，各类高校、各大专业、不同教师都应该认真把握并积极贯彻。

总体而言，我们应该站在大学创新教学的立场上、以更为广阔的视角来理解和践行研究性教学，重新定义、重新塑造大学课堂。研究性教学的五种模式并不是独属于某类高校、某个专业、某门课程，而是根据教师、学生、教学内容乃至课堂环境所做出的适切性选择而已。

四、研究性教学可能面临的挑战及其突围

固然，以研究性教学为突破口的大学课堂革命需要我们做好充分的理论准备、设计相应的分类实践方案，但完成这些工作也并不预示着这场课堂革命就一定是一帆风顺的，毕竟在具体实践中会遭遇到各种各样的问题或

① 刘伟.以“问题”为着眼点 积极推行研究性教学[J].中国高等教育,2010(1):48-49.

挑战。倘若我们不能识别可能存在的挑战并找寻到突围策略，那么很可能会因为我们对研究性教学抱有盲目乐观的态度而葬送这场令人期待的课堂革命。应该说，研究性教学的主要挑战在于如何破除教师与学生的主体性恐惧以及学校层面的资源配置问题与制度性阻滞，我们必须从改革伦理的视角重新反思大学课堂革命并重新启动大学课堂改革的动力。

(一)来自教师的挑战

教育不是一件简单的事情，它复杂而神圣，其神圣的扮演者或演绎者就是教师。毕竟，课程与教学都要依靠教师来完成。[①] 可以说，研究性教学对教师心理、教师能力以及教师素养都提出了前所未有的要求，使得不少教师都抱有畏难情绪。第一，研究性教学要求教师能时时面对学生的提问、质疑乃至挑战。此时此刻，教师究竟能不能接受那个面对学生而不知所措的自己？这实际就是源于教师内心的一种恐惧心理。在这种心理作祟以及考评制度绑缚之下，部分教师对研究性教学的排斥心理也就不难理解。第二，研究性教学要求教师对整个活动过程进行合理的教学设计、恰当的过程引导以及科学的考核评价等，这就使得研究性教学效果在很大程度上取决于教师的个人能力。第三，研究性教学要求教师付出比传统式教学更多的时间、精力以及汗水，还要求教师拥有教学智慧、投入教学热情以及怀揣教学信念，所以不少教师索性还是“走老路”，毕竟传统式教学对他们而言更加轻车熟路、省时省力。这都是研究性教学在教师主体身上可能遇到的现实问题。

鉴于此，高校应该把培养教师的教学勇气作为当前的重要课题，把开展教学工作坊作为提升教师能力与教师素养的现实路径，把完善教学激励制度作为解决教师后顾之忧、鼓励教师投身研究性教学的制度保障。

(二)来自学生的挑战

与传统式教学相比，研究性教学更加彰显了学生的主体地位，从而学生对研究性教学的态度直接关乎大学课堂改革成效。就现实而言，研究性教学对学生心理、学生投入以及学生能力均提出了高要求。第一，大多数学生

---

① 潘懋元，蔡宗模，朱乐平，等.中国高等教育改革发展70周年：回顾与前瞻——潘懋元先生专访[J].重庆高教研究，2019(1)：5-9.

在耳濡目染中习惯了教师讲、学生听的教学方式，而对大费周章的研究性教学则抱有抵触甚至排斥的心理。一个奇特现象可能就会浮现出来：采用研究性教学方式的课程“门可罗雀”，采用传统式教学方式的课程却“门庭若市”。第二，研究性学习需要学生积极思考、查阅资料、分组研讨、实地调查或者做实验，这也就要求学生投入大量的时间和精力。如何引导学生发自肺腑地学习，是研究性教学必须考虑的问题。第三，从知识本位走向能力本位是研究性教学对传统式教学最大的矫正，但研究性教学要求学生具备相应的独立思考能力、动手操作能力、合作精神与研究意识，这对于不少学生而言都是一大挑战。

由此来看，高校应该鼓励教师开展研究性教学，使绝大部分课程均采用研究性教学方式，警惕学生避重就轻，从而避免出现“劣币驱逐良币”的现象；教师应该合理设计教学内容，引发学生的学习兴趣，使学生注意力维持在教学活动上、沉浸在教学场景中；学生应该努力实现从被动学习向主动学习的转变、从浅层学习向深层学习的转变，培养自我负责的精神、锻炼自己的各项能力、体验青春奋斗的力量。

（三）来自资源配置的挑战

研究性教学是一种充满魅力的教学模式，但该模式的运用需要我们在硬件设施、信息技术、人力支持等方面配置、整合、优化教学资源，而这些都需要充足的教学经费予以支持。第一，高校需要建立或改造一批移动教室、“智慧教室”、研讨室以及实验室等，如四川大学投入2亿余元打造403间“智慧教室”，努力创设学术殿堂式的教学环境。[①] 第二，当前的研究性教学呼唤信息技术与教育教学的深度融合，这也就需要高校提供相关的信息支持并引导教师尝试使用混合教学、翻转课堂等方式，由此通过技术手段的变革将教师从繁杂的知识讲解中部分解放出来，从而为开展研究性教学提供相应的知识基础、争取一定的时间。第三，研究性教学最常用、适用范围最

---

① 中华人民共和国教育部．四川大学以课堂教学改革为突破口 努力办一流本科教育［EB/OL］．［2019-06-27］（2024-03-17）．http://www.moe.gov.cn/jyb_sjzl/s3165/201906/t20190627_388033.html.

广的当数研讨式教学，采用大班授课或中班授课之余，需要通过小班研讨的方式使教学活动走向深化。这需要根据班级规模配备一定数量的教学助手，这些助教就可以从高年级学生中进行选拔，这是研究性教学必须积极整合的人力资源。第四，学校每年都必须制定相应的教学预算，并逐步加大对教学工作的资金投入力度。在此需要说明的是，学校与其每年重奖 1 位教学名师 100 万元，倒不如拿这 100 万元奖励 10 位探索研究性教学卓有成效的教师，从而真正让研究性教学落地生根，让提升本科教育质量卓有成效。

（四）来自相关制度的挑战

研究性教学呼唤大学课程教学制度做出相应变革，然而原有的某些制度惯习与根深蒂固的制度文化不免对研究性教学的具体实施造成一定的挑战。

就制度惯习而言，人们对科研评价与教学评价的制度偏好在一定程度上建构了重科研而轻教学的事实；学生的考核评价制度往往沿用以往刻板、僵化的命题方式，而人为忽视了对学生在创新思维能力、动手操作能力以及合作精神等方面的考查。这些对研究性教学的具体实施而言都是不容回避的制度难题，其中涉及的制度伦理问题更值得我们深思。正如美国罗尔斯所强调的那样：“正义是社会制度的首要价值……只要它们不正义，就必须加以改造和废除。”[①]显然，上述两种制度安排对教师与学生而言都是不正义的，不符合制度伦理的。倘若学校规定校级教改项目相当于省部级科研课题，且在职称晋升、评优选先中享有优先权，第一个普遍存在的制度难题就可得以纾解。如果学校能够完善学生考核评价制度，以考试变革带动教学变革，就可以倒逼研究性教学工作的稳步推进。如果平时采用研究性教学，考核依然采取机械考试，那么研究性教学必然面临破产，这也是我们必须正视的制度伦理问题。

就制度文化而言，如何创设一种契合研究性教学的文化自觉[②]，这是每

① 罗尔斯.正义论[M].何怀宏，何包钢，廖申白，译.北京：中国社会科学出版社，1988：1.

② 刘茂军.文化语境视域下的我国大学“研究性教学”探析[J].国家教育行政学院学报，2016(9)：74-77.

一所大学、每一位教师都应该审慎思考的重大命题。其一,要形成具有弹性空间的课程文化。大学应当充分考虑到学生的个体差异,借助数字化手段让学生拥有自主课程选择的权利,应当在课程安排之余为学生预留出自主发展的时间和空间,让学生充分发挥自己的潜能。其二,要形成具有欢快氛围的课堂文化。教师需要具备亲和力、感染力和创造力,善于激发学生的好奇心和求知欲,能够用生动的语言、丰富的教学方法和手段,将枯燥的知识变得有趣,引导学生积极参与课堂讨论和互动,让学生在轻松愉快的氛围中学习。其三,要形成具有严格标准的教学文化。教师要提高学业挑战度,完善评价方式、严格考核标准,实事求是地对待学生取得的成绩,敢于对考核不合格的学生说"不"。学校则要给予教师严格考核标准的底气,通过完善学业预警系统、学业帮扶机制保留学生"重整行囊再出发"的机会。如果上述制度文化不能建立起来,研究性教学自然就会陷入一种令人期待但又使人苦恼不已的两难境地。是故,研究性教学呼唤大学必须在制度层面做出系列变革,进而营造出具有良善品格的课程文化、课堂文化以及教学文化。

综上所述,当前我国大学课堂亟须经历一场"静悄悄"的革命,而这场革命的突破口在于研究性教学。研究性教学的根本旨趣在于构建立体课堂,重新定义大学课堂。研究性教学的实践策略在于运用分类思维,重新形塑大学课堂。研究性教学的主要挑战在于如何破除教师与学生的主体性恐惧以及学校层面资源配置问题与制度性阻滞。我们有理由相信,研究性教学将引发一场"静悄悄"而广泛的大学课堂革命。这场革命归根结底是一场自我革命,是具备战略定力的大学与"重科研轻教学"集体偏好的一场决裂,是具备教学勇气的教师与"灌输式"教学模式的一场决裂,是具备自我负责精神的学生与"蜻蜓点水"浅层学习的一场决裂。以研究性教学大力提升本科教育质量,驰而不息、久久为功、未来可期!

第五讲
导师权力:权力政治的微观表达

改革开放四十余年来,我国研究生教育规模不断壮大。2022 年全国教育事业发展统计公报显示:研究生招生人数从 1978 年的 1 万余人增加到 2022 年的 124.25 万人。在研究生教育规模不断扩张的同时,研究生教育质量显得尤为重要。我国研究生教育实行的是导师制,导师既是研究生培养的第一责任人,也是研究生教育质量的"守门人"。但近年来发生在导师身上的负面消息屡屡见诸报端,这些负面消息让一个异常重要但容易被忽视的命题自然浮现出来:研究生导师的权力边界究竟在哪里?必须承认的是,研究生导师不仅享有权利,而且拥有权力。可以说,我们并不否认导师权力,但它必须在一定范围内行使,一旦突破界限就会引发"乱作为""慢作为"以及"不作为"等。基于此,我们首先需要对研究生导师权力进行概念解析,在此基础上刻画导师权力的边界范围、剖析导师权力的越界原因,最终对如何守住导师权力的边界做出系统解答。

一、导师权力与导师权利

关于"权力"的阐述可谓汗牛充栋,但其中颇具代表性的学说主要有"剥削说""支配说""交换说""三维权力观"以及"毛细血管说"等。在马克思看来,权力是阶级压迫的暴力①,是在经济上占统治地位的阶级为维护自身利益剥削其他阶级的能力。在德国马克斯·韦伯(Max Weber)那里,权力是一种支配他人的力量,即"权力主体依赖某种权力资源使权力对象服从

① 周师.马克思的权力观及其现实意义[J].理论月刊,2017(12):27-31.

权力主体意志”[1]。美国彼得·布劳(Peter Michael Blau)认为,权力就是一种不平等的交换关系,“权力的永存取决于他们继续向他人提供某种利益或服务”[2]。英国史蒂文·卢克斯(Steven Lukes)提出的“三维权力观”引人瞩目。在“决策权力”与“不决策权力”基础上,他揭示了权力的“第三张面孔”,权力者可通过塑造他人的信仰、偏好、愿望等方式使他们间接从属于自己的意志[3]。在法国米歇尔·福柯(Michel Foucault)那里,权力不仅具有压制性而且具有生产性[4],如同毛细血管延伸至末梢神经,渗透在生活的方方面面。

依循上述分析,我们可以得知:导师权力是权力在导师这一特定主体身上的映射。它是导师依赖其职业身份的资源优势,通过强制、支配、诱导、操纵、规训等方式有意或无意地对学生的学业、生活以及工作等方面产生深刻影响的一种力量。值得注意的是,导师权力表现出不同于一般政治权力的特殊性,政治权力往往建基于政治地位,权力随地位的获得与提升而加强、随地位的跌落与消失而式微,即政治权力与政治地位之间具有强依赖性的直接关联。相比之下,导师权力建基于职业身份,自与学生建立师生关系之日起,这种权力关系虽微妙却获得永恒,即“一日为师,终身为父”。为了对“导师权力”形成一个更为全面而立体的认识,我们有必要将其与“导师权利”相互参照,在词源解析、概念范畴、主要来源、主要类型、社会功能、处理方式以及感情色彩七个维度的比较之中得以清晰刻画,如表 5-1 所示。

① 韦伯.经济与社会[M].林荣远,译.北京:商务印书馆,1998:81.
② 宋林飞.西方社会学理论[M].南京:南京大学出版社,1997:137.
③ 谭永利.三维权力与微观权力:从卢克斯到福柯的权力观[J].学术交流,2017(7):87-92.
④ 陈炳辉.福柯的权力观[J].厦门大学学报(哲学社会科学版),2002(4):84-90.

表 5-1　导师权力与导师权利的区别比较

维度	概念	
	导师权力	导师权利
词源解析	权力的英文是 power,导师权力意味着一种力量,无价值判断色彩	权利的英文是 right,导师权利意味着一种权益,具有价值判断的色彩
概念范畴	权力是一个政治学概念,导师权力是微观政治领域中的权力形态之一	权利是一个法学概念,导师权利是导师这一特定法律主体的权利表达形式
主要来源	来源广泛,如教育法律法规中的导师权利的转化,师生关系中的文化传统,导师个人的学识、人格魅力和社会资源等	来源单一,主要源于相关法律法规,包括作为公民享有的一般权利,作为教师享有的基本权利,作为研究生导师享有的特定权利
主要类型	强制权力、支配权力、诱导权力、操纵权力以及规训权力等	教育教学、科学研究、指导评价、民主管理、物质报酬、进修培训、招生参与等权利
社会功能	导师权力是一种外向化表达,通常关系着公共利益,与导师地位相连	导师权利是一种内向化表达,往往体现为导师的私人利益,与导师义务相连
处理方式	必须依法行使,不得放弃和转让	一般可以放弃和转让
感情色彩	双刃剑,合理运用促进教育发展,滥用权力阻碍教育发展	正向感情色彩,合法合规,受到法律保护

从词源解析上来看,“权力”的英文是“power”,源于拉丁文“potestas”,主要指一个人或物影响他人或物的能力[1],多为基于事实的描绘。“权利”

① 王莉君.权力与权利的思辨[M].北京:中国法制出版社,2005:10-12.

的英文是“right”,由拉丁文“rectum”演变而来,本义是真实、正当、正确,多含价值判断的色彩。也就是说,“导师权力”意味着一种力量,即导师对研究生能够做出或不做出某种行为的能力;“导师权利”则意味着一种权益,是导师由于自身身份而获得的正当权益。从概念范畴来看,“权力”是一个政治学概念,导师权力是微观政治领域中的权力形态之一。“权利”是一个法学概念,导师权利是导师这一特定法律主体的权利表达形式。从主要来源来说,导师权力的源头较为多元,包括教育法律法规中的导师权利的转化、师生关系中的文化传统,还源于导师个人的学识、人格魅力和社会资源等。导师权利则主要源于相关法律法规,包括作为公民享有的一般权利、作为教师享有的基本权利、作为研究生导师享有的特定权利。就主要类型而言,导师权力主要包括强制权力、支配权力、诱导权力、操纵权力以及规训权力等。导师权利包括但不限于教育教学权、科学研究权、指导评价权、民主管理权、物质报酬权、进修培训权以及招生参与权等。从社会功能来看,导师权力是一种外向化表达,其权力的主体与客体是分立的,其权力行使通常关系着公共利益,需要法律与制度的监督或约束。导师权利则是一种内向化表达,其权利与义务是相统一的,往往体现为导师因身份而获得的私人权益,是受法律与制度保护的。就处理方式来说,导师权力必须依法行使,且不得放弃、转让,而导师权利则可以放弃、转让,只不过有些导师权利会表现出“权力”的一面。从感情色彩来说,导师权力是一把双刃剑,那些把导师权力直接定义为好或坏的说法是失之偏颇的,而导师权利则具有正当性。

通过上述分析,我们可知:导师权力意味着一种关系,一种存在于导师与学生之间的不对等关系,是导师以一种非学生选择的方式影响学生做出或者不做出某种行为之能力的不对等关系。如果这种不对等关系能够被约束,导师权力就会向着一个良善的方向发展;倘若这种不对等关系丧失规制,导师权力就会越界,而因权力滥用所引发的后果不堪设想。

二、研究生导师权力的边界

法国的孟德斯鸠在论及“权力本性”的时候指出：“一切有权力的人都容易滥用权力，这是万古不易的一条经验。有权力的人们使用权力一直到遇有界限的地方才休止。”①在此，如果我们要防止导师权力滥用，首先就要探寻并大致刻画出其边界范围。就权力来源而言，导师权力主要源于教育法律法规的权利转化、传统文化中的伦理关系以及导师自身的专业学识与人格魅力等。基于此，导师权力在具体运行过程中理应存在三条不容逾越的边界，分别是法制边界、伦理边界以及教育边界。如此一来，三条边界就构成了一个导师权力边界的“三角协调模型”，如图 5-1 所示。

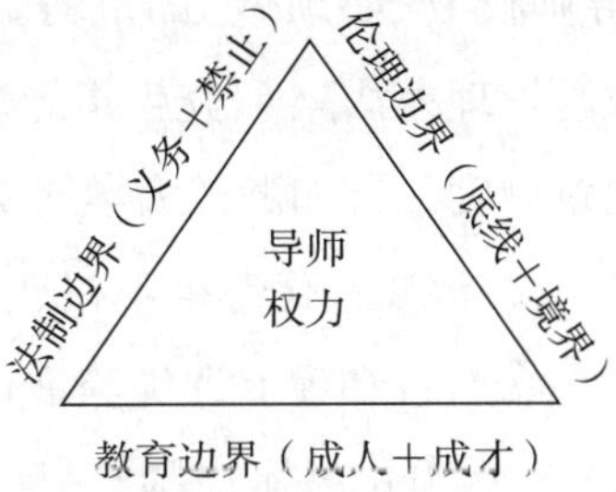

图 5-1　导师权力边界的“三角协调模型”

在这个模型中，教育边界是三角模型的底边，是导师权力运行需要遵循的价值取向与教育规律，从而也是导师权力的一道特殊边界。法制边界和伦理边界是三角模型的两腰，连接着对教育规律的尊重，是规范和约束导师权力的重要手段，也是防止导师权力越界的两道具有普遍意义上的“防火墙”。一般来说，三角形具有结构稳定的特征，同理，在该三角模型的约束下，导师权力就不容易变形、走样，即不会因为内部冲动或外界压力而出现权力膨胀与滥用的情形。

（一）导师权力的法制边界

法制边界是规范与约束导师权力的强制性手段，防止导师“乱作为”“慢作为”“不作为”。教育法律法规不仅赋予了导师各种权利，为导师权力

① 孟德斯鸠.论法的精神[M].欧启明，译.南京：译林出版社，2016：154.

的行使提供了基础，而且绘制了导师在行使权力时需要承担的义务、责任和不可逾越的法律界限。那么，哪些强制性条款构成了导师权力的法制边界，这是当前我们亟待厘清的重点所在。

一部分导师权力是由导师权利衍生而来的，而导师权利又由法律法规或学校规章赋予。《中华人民共和国教师法》第七条规定，教师享有教育教学、科学研究、指导评价、物质保障、民主管理以及进修培训六项基本权利，这自然也是导师享有相应权力的重要法律依据。像“完成教育教学任务”“指导学生开展科研训练”“对学生进行公正指导与评价”等均属于导师权力“必须做”而不得放弃的义务性条款。《中华人民共和国教师法》第八条规定的教师义务也属于导师权力“必须做”的范畴。除此之外，各高校还出台了诸如《研究生指导教师管理办法》《研究生指导教师工作条例》《研究生指导教师工作规范》等规章制度。譬如浙江大学明确规定，导师享有研究生招生参与权、学业指导主导权、评奖评优等推荐权、学籍处理建议权、管理政策建议权。[①] 就研究生招生参与权和评奖评优等推荐权来看，导师享有较大的权限，必须秉持公平、公正、公开的基本原则，一旦处理不当就会出现权力滥用。

应该说，上述部分内容是导师权力法律边界中“必须做”的义务性条款，而“不得做”的禁止性条款则是导师权力法律边界的另一个方面。《中华人民共和国教师法》第三十七条规定了教师可能面临行政处分或解聘的三种情形，其中“不得体罚学生”“不得侮辱学生”就属于禁止性条款，另外，“不得在招生中徇私舞弊”等都是研究生导师作为教师不得触碰的红线。

(二)导师权力的伦理边界

对导师权力的合理运用是建立师生良性互动关系的重要手段，伦理性是师生关系的核心属性。通常来说，伦理会指引个体在生活中不断做出应该做什么、不应该做什么的道德判断，并基于此表现出道德行为，即伦理对

① 浙江大学.浙江大学印发《浙江大学研究生导师管理办法》的通知[EB/OL].(2019-06-12)[2020-3-24].http://www.ccea.zju.edu.cn/_upload/article/files/55/c1/edb772c5410f9c98e31c01c6bfca/2512c775-78e0-4b58-8b13-6c3fa7edb086.pdf.

导师权力行使具有软性约束的作用。导师权力的伦理边界主要体现为由底线伦理和理想境界所构成的职业道德规范。

底线伦理是基本的、不可逾越的、在临界点上的道德行为规范。① 同济大学对研究生导师做出“不能与指导的在读研究生建立恋爱关系”“未经学院主管领导同意,研究生导师不得安排研究生在本人的公司实习”等规定。② 由于研究生导师对学生的指导是全方位的,如思想引导、学业指导、生活辅导、心理疏导以及就业督导等③,因此“不得向学生传递不良思想”“不得侵占学生科研成果”“不得无端干涉学生生活”“不得过于增加学生身心负担”“不得阻止学生正常毕业”“不得干涉学生自由选择职业”等均属约束导师权力的一种底线伦理思维。

理想境界是指社会公众期望研究生导师应该具备并达到的道德水平。长期以来,我们习惯将教师比作“春蚕”“蜡炬”“园丁”等,这些词语都为教师披上了一袭“道德圣衣”,都期望教师成为敬业爱生、严谨治学、淡泊名利、志存高远、甘于奉献的人。这些要求也是对导师职业道德的一种期许,期望导师不断提高自身教学科研水平,与研究生及时沟通并掌握其动向,通过因材施教促进研究生的全面发展。因为没有一个明确的标准或尺度可以裁定研究生导师是否达到上述要求,所以这些并非强制性规范,只是对教师职业的理想期待,期望他们成为理想的一副模样、社会的一颗公心,以此为国家和社会培养更多的栋梁之材。因此,在导师权力边界“三角协调模型”中,伦理边界的“明线”是我们对不能逾越的底线伦理的一种持守,“暗线”则是我们对导师职业道德理想境界的一种追寻。

(三)导师权力的教育边界

研究生教育教学活动的发展与变革必须围绕着“成人”与“成才”的基本逻辑铺陈展开,即遵循学生发展特点、满足学生成长期待是导师权力运行

---

① 何怀宏.底线伦理的概念、含义与方法[J].道德与文明,2010(1):17-21.

② 同济大学.同济大学研究生指导教师职责与工作规范[EB/OL].(2019-06-17)[2020-4-30]. https://gs.tongji.edu.cn/info/1072/1659.htm.

③ 华中师范大学.关于印发《华中师范大学关于全面落实研究生导师立德树人职责的实施办法》的通知[EB/OL].(2019-05-10)[2020-4-30]. http://nrcci.ccnu.edu.cn/info/1135/4358.htm.

的教育边界。倘若研究生在成人成才过程中出现问题,或者导师未能满足学生的成长期待,则都与导师权力使用不当有一定的关联,尤其是导师如何巧妙使用专业权力是研究生教育中极具艺术性的一道实践命题。

在研究生培养过程中,导师要始终坚持“立德树人”的根本任务。欲“树人”,先“立德”,这是一个“成人”的过程。之所以该阶段的“成人”教育尤为重要,原因主要有三:第一,对学生个人而言,“人无德不立”,导师在研究生成长道路上要努力发挥作为道德示范者的积极作用;第二,研究生群体是国家未来的高端人才,其道德品质关乎国家安全;第三,许多研究生毕业后将进入教师队伍,这些毕业生很可能会模仿导师的指导风格与处事方式。唯“立德”,方“成才”,这是一个“成才”的过程。研究生作为学术新人在科研道路上需要导师带路才能找到门路、不走歧路、少走弯路。无论是“成人”还是“成才”,导师都需要了解和研究学生特点,根据学生的个别差异进行因材施教,恰当运用自己的专业权力,以一种感召而非强制的方式影响学生,这恰恰是导师权力的独特魅力所在。用一句话概括,导师权力的教育边界就是基本满足学生的成长期待。倘若学生对导师的指导效果评价较低,就说明导师权力使用不足或过当,即我们呼吁导师权力在教育尺度上的恰当把握,通过专业感召与人格魅力,促进学生的全面发展与个性成长。

三、研究生导师权力的越界

导师只有在法制边界、伦理边界及教育边界所构建的范围内行使权力,才能从根本上履行教书育人的教师职责,维护学生的合法权益,这对于师生双方而言都是一种保护机制。但在现实生活中,导师滥用权力的事件时有发生,严重者不但违背了教育原则、逾越了伦理边界,也触犯了法律底线。需要进一步探寻的是,导师权力越界的主要原因是什么,这应该是一个不容回避的根本问题。

(一)传统的师道尊严观念,让师生之间的权力天平倾斜

“师道尊严”是我国传统文化中根深蒂固的教育观念,对今天的师生关系依然影响深远。“师道尊严”最早见于《礼记·学记》:“师严然后道尊,道

尊然后民知敬学。”《荀子·致士》中也有论述:“尊严而惮,可以为师。”其中,强调了“尊敬教师”的必要性和教师职业的庄重性。在“天地君亲师”和以“三纲五常”为核心的封建道德价值观的熏陶下,“师道尊严”更多强调教师至高无上的地位和具有绝对的权威,教师是一个崇高而威严的形象,学生没有独立人格只能绝对服从。

如今,我们已经步入高等教育普及化时代,虽说教师与学生之间的主体地位均得以确立,对“学生为本、教师为要”的观念也逐步形成共识①,但“师道尊严”的传统观念依然在形式上影响着师生关系的建立、互动与维系,而导师与研究生之间的隐形等级关系尤为明显。在这种文化传统的影响下,导师具有绝对权威和不容置疑的权力,研究生大多数情况下只能被动接受或服从,毕竟学生对导师具有一种强烈的依赖关系,从而权力的天平从一开始就倾向于导师。由此来说,不平等的师生关系是导师权力越界的重要土壤。

(二)研究生培养制度阙如,使得导师权力监督走向虚化

我国现行的研究生培养方式是导师负责制,即大多采用导师与研究生之间的一对一指导模式。在这种情况下,研究生的学习、生活、思想、心理等都有赖于导师一人指导,人才培养成效在很大程度上取决于导师个人因素,从而带有较大的偶然性。也就是说,不健全的研究生培养制度,尤其是监督机制的缺失容易导致极具个人色彩的导师权力产生越界行为。

虽然各高校出台了导师岗位职责规定或研究生导师管理条例,但文本内容存在条款笼统、缺乏可供参考的程序性规定、适用范围模糊等问题。②即导师权力几乎难以受到来自制度本身的约束与监督,这也就为导师权力的越界与寻租提供了可能。当前,硕士研究生确定导师大多是在入学之初依照“双向选择”原则确定,双方基本是在信息不完全的情况下做出选择,如果学生意欲更换导师,其他导师接收的可能性也不大,其中不仅关涉多方的

① 龚放.唯有确立“教师为要”方能落实“学生为本”:对我国大学教学理念嬗变的再思考[J].江苏高教,2020(1):7-15.

② 姚琳琳.研究生导师的权利诉求及其规范的制定[J].高教发展与评估,2019(3):47-56.

“面子”问题,还会因额外招生而带来缴纳培养经费的问题。博士研究生大多是在报考之前联系导师,让谁考、不让谁考,让谁通过、不让谁通过,所报考的导师享有非常重要的决断权,即导师招生权力过大①,权力寻租问题难以监督。在当前学术体制下,相比硕士生而言,博士生对导师的依赖程度更为明显、更加强烈,更换导师很可能会被贴上“背叛师门”的标签。由此看来,在监督机制不健全、申诉渠道不畅通的情况下,更换导师几乎难以实现,一旦导师权力越界,学生大多采取隐忍态度,即导师权力几乎不受来自学生的监督。

(三)教师职业道德的缺失,是导师权力越界的发生条件

研究生导师作为心智成熟且具有渊博专业知识的成年人,除去外界因素的影响,内在的世界观、人生观、价值观才是决定其行为的主要因素。但现实中有一些导师随意使唤学生为其服务,心安理得接受学生价值不菲的馈赠。这表明,导师没有树立正确的师生观,没有摆正自己的身份,也没有正视学生的地位。进言之,这是导师职业道德存在缺失或失范的行为。一旦丧失道德上的自我约束,导师权力就会侵犯学生的合法权益,对研究生培养质量也将造成戕害。

研究生导师的职业道德是其在从事教育劳动过程中必备的道德品质,在结构上包括道德认识、道德情感、道德意志以及道德行为四个方面。显然,大多数研究生导师对教师职业道德有着较为充分的认识,能够明辨是非、善恶、美丑,但能否在情感层面上体验并认同教师职业的崇高感,是否在意志层面同时具有践履积极行为与制止不良行为的动机呢?实事求是地说,当前的高校教师师德培训大多停留在认识层面,而对情感与意志关注不足。由此而言,导师权力越界行为发生的个体原因在于师德养成中介环节的衔接问题。

---

① 刘阳,林荣日.博士生申请考核制招生制度的现状、问题与改进:基于 2017 年 6 所“985 高校”博士生招生简章的分析[J].研究生教育研究,2018(2):29-35.

四、研究生导师权力边界的守护

导师权力越界的主要原因包括文化观念、制度根源以及个体因素等。为了使导师权力在研究生培养过程中发挥积极作用,防止权力滥用、权力悬置、权力寻租等越界行为的发生,我们需要综合施策、分类解决,共同守护导师权力边界。

(一)重塑"师道尊严",树立正确认识

在新时代背景下,树立正确的师生观是守护导师权力边界的基本前提。具体包括:"师道尊严"的教育观、人格平等的人际观、独立自主的学生观。

第一,重新理解"师道尊严"的教育观念。传统文化中的"师道尊严"经常被误解为专制、集权式师生关系的代名词。但是,其本意强调的是,"为师之道"在于教师自身的尊贵、庄严,即学识渊博、具有人格魅力的教师方可受到学生的尊重,从而获得专业权力,即形成一条"自尊—尊师—重教"的实践逻辑路线。

第二,树立师生双方人格平等的观念。研究生要尊敬但不惧怕导师,同时导师也要学会尊重学生的独立人格,切莫以一种高高在上的姿态面对学生,否则这种压迫感就会使学生对导师的许多行为做出想象式解读,导学关系出现心理裂痕。

第三,学生需要确立独立自主的发展意识。研究生阶段的学习方式主要是自主学习、探究学习,坚决不做"学术巨婴",摈弃对导师的依赖思想,逐步提升自己独立从事科研活动的综合能力,敢于并善于拒绝导师提出的不合理要求。只有导师做到在学识上让学生折服、在德行上让学生肯定,研究生做到自立自强、不卑不亢,师生双方才能互相尊重、平等对话、共同发展。

(二)改革评价体系,善待导师群体

改革学术评价体系是守护导师权力边界的长远路径。大学排名与学科评估的结果直接关乎学校声誉与资源分配,学校将这种外在压力传导至研究生导师身上,导师则将这种学术压力部分转移至研究生身上,试问这样的

“学术发包制”[①]能否推动原始创新呢？目前的学术评价体系是否善待了导师群体呢？导师权力在当前评价体系之下能否被真正约束呢？为纾解上述问题，可从以下几点突围：

第一，延长教师考核评价周期。一年一度的考核周期让导师们神经紧绷，试图多快好省地产出科研成果，如果将教师考核评价周期定为3年或5年，那么由“效率”诉求所造成的师生关系异化则有所缓解。

第二，实行可替代的弹性折算评价方式。当前的学术评价体系把教师想象为“全能斗士”——教学、发论文、拿项目、国际化、管理服务等“一个不能少”，如果尝试采用替代原则、弹性折算的评价方式，则有可能让教师在自己擅长领域成长为“金牌选手”。

第三，重新思考并修订学生论文发表相关要求。为了加快科研成果产出，绝大多数高校对研究生（尤其是博士研究生）做出论文发表的严格要求，这就以统计指标进一步将导师与学生捆绑起来，修订乃至取消发表论文的强制要求可为师生松绑。当然，在高校之间竞争异常激烈的今天，谁愿意首先迈出自我革命的关键一步呢？即我们对上述措施保持乐观态度，但改革依然任重而道远。

（三）优化培养制度，明晰导师权力

优化研究生培养制度，明确细化导师权力，是守护导师权力边界的现实路径。其中，“导师组”是优化研究生培养制度的重要举措，“权力清单”是明晰导师权力的物质载体。

从制度优化的角度来看，我们可否按照研究方向相近原则推行“导师组”的制度设计呢？实际上，“导师组”并不是一个新鲜说法，但它有助于破除某位导师与某个研究生之间的强烈依赖关系，从而对指导权力过于集中、更换导师困难重重等问题的解决提供了一个积极思路，这对导师与研究生双方而言都是一种保护。研究生在一年级由导师组统一指导，在此期间逐步发现学术兴趣、确定研究方向。研究生在进入二年级之后，可以根据规定

① 解德渤，于孟仟.学术发包制：具有中国特色的学术治理模式[J].重庆高教研究，2022(2)：8-16.

在导师组内确定属于自己的“主导”与“副导”,这不仅实现了师生之间的信息对称、双向选择,而且可以防止导师之间“踢皮球”或者某些导师“搭便车”。例如,东北财经大学出台的《关于建立实施博士研究生导师组制度的暂行规定》,就在这方面做出了积极探索,既能保证各位导师各司其职,又能避免个别导师以权谋私。

另外,现有的导师岗位职责或导师权利条款,对导师权力或避而不谈或模糊带过,这非常容易滋生权力寻租空间。因此,制定《研究生导师手册》,明确细化导师的各项权力势在必行。我们需要进一步梳理《中华人民共和国教师法》、教育部相关规定、各高校的管理条例,尤其是对导师权力的“义务清单”“负面清单”进行详细说明,将法制边界、伦理边界和教育边界作为约束导师权力的基本框架。

(四)提升导师修养,树立职业道德

导师是行使导师权力的主体,导师个人素质高低、道德品质优劣决定着导师权力是否越界。因此,提升内在修养,树立正确的职业道德是守护导师权力边界的具体策略。提升导师职业道德修养主要有两种途径,即自律与他律。

导师的道德自律主要分为两个层次:基于外部利益博弈的浅层次自律和基于专业信念追求的深层次自律。[①] 一方面,导师在面对各种纷繁交错的利益关系时,要擦亮眼睛、理性看待,避免盲目冲动,以免做出逐蝇头小利、弃道德大义的行为。另一方面,导师要树立为教育事业奋斗的理想信念,自觉加强对思想政治理论的学习和努力提高自身文化修养,秉持“正人先正己”的修身态度,在教学活动中自我反思、自我改造、自我提升。

自律为导师职业道德修养提供了内生动力,他律是为其提供外部支持。

① 靳玉军.教师职业道德提升的实践机制[J].高等教育研究,2014(9):44-49.

首先,高校在导师的选拔、聘用、审核等环节要严把师德关,以“红七条”①为师德底线,对师德不佳者严肃处理;其次,要把对职业道德的学习与践行贯穿于导师职业生涯全过程,开展多种形式的师德培训活动,优化师德培训内容;最后,要建立有效的师德评价和激励机制,在绩效考核中要坚持师德与学术水平并重,对师德考核良好的导师进行精神激励。

我国研究生教育正处在提质增效的关键时期,导师权力的合理运用是提高研究生质量的重要法宝。由于导师权力一旦越界,所造成的后果难以估量,是故我们需要运用法制边界、伦理边界和教育边界约束导师权力。当前及未来一段时期,我们理应树立正确的师生观念、改革学术评价体系、优化人才培养制度、加强师德师风建设,划定与守护导师权力边界,大力提升研究生教育质量。

---

① “红七条”出自2014年10月9日教育部印发的《关于建立健全高校师德建设长效机制的意见》。“红七条”包括:(1)损害国家利益,损害学生和学校合法权益的行为;(2)在教育教学活动中有违背党的路线方针政策的言行;(3)在科研工作中弄虚作假、抄袭剽窃、篡改侵吞他人学术成果、违规使用科研经费以及滥用学术资源和学术影响;(4)影响正常教育教学工作的兼职兼薪行为;(5)在招生、考试、学生推优、保研等工作中徇私舞弊;(6)索要或收受学生及家长的礼品、礼金、有价证券、支付凭证等财物;(7)对学生实施性骚扰或与学生发生不正当关系,以及其他违反高校教师职业道德的行为。

第六讲
大学战略规划中的政治意蕴

大学战略规划越来越成为大学未来发展的重要航标,不同的大学战略规划背后均折射出深厚而相异的政治哲学。大学战略规划可以概括为现实主义、新自由主义以及社会建构主义三种范式。其中,现实主义的大学战略规划强调以“权力”为中心,遵循政治逻辑;新自由主义的大学战略规划推崇“利益”至上,遵循市场逻辑;社会建构主义的大学战略规划弘扬“交往”的意义,遵循社会逻辑。这幅图景描绘了大学发展战略规划的演进逻辑,也表达出政治逻辑、市场逻辑和社会逻辑的错综交织,集中表现为大学战略规划中的政治文化。

一、大学战略规划的分析框架

如今的高等教育经历着快速、激烈的时代变革,同时遭遇前所未有的质量危机。如何降低大学未来的发展风险、提升大学的核心竞争力,成为世界高等教育共同面临的、长期求索的重大命题。就此来说,大学战略规划对高校发展的重要性不言而喻。美国学者乔治·凯勒将大学战略规划视为“高等教育管理的革命”[①]。事实上,“战略”最早见于军事领域,后来在企业管理中得以广泛应用,而其真正进入高等教育则是 20 世纪七八十年代的事情。经过半个世纪的拓新,大学战略规划越来越成为大学创新发展的重要航标,因为它“是对大学发展进行的整体性、系统性设计,是基于大学现实状

① 凯勒.大学战略与规划:美国高等教育管理革命[M].别敦荣,译.青岛:中国海洋大学出版社,2005:序.

态而进行的面向未来一定时期的发展状态的设想”①。

需要明确的是，大学战略规划并非高等教育大众化时代的特定产物与“专利”，而是作为学术组织的大学对组织发展使命的一种天然情怀。杰出的大学校长在大学战略规划制定与实施中扮演着至关重要的角色，如德国教育学家威廉·冯·洪堡（Wilhelm von Humboldt）对柏林大学的战略设计、我国教育家蔡元培对北京大学的系统规划等。从这个意义上说，如今的大学战略规划是将个人化的组织情怀上升至一种普遍化的战略思维，属于大学发展意识的重大进步。目前，我国正处于高等教育改革与发展的关键时期，大学如何制定科学、合理的战略目标，如何积极、稳健地推进战略实施，如何有效地监控、调整战略方向，都是中国大学迈向世界一流大学进程中不可回避的现实问题。为解答上述问题，有必要对大学战略规划背后折射出的政治哲学进行反思，这是大学战略规划的根本问题。如果避开该问题，我们对大学战略规划的理解将失之偏颇，对大学战略规划的制定与实施也将迷失方向。

毋庸置疑，大学是一个极其复杂而有机的组织。这应该是我们分析大学战略规划的认识基点。美国著名高等教育研究专家伯顿·克拉克在《高等教育系统——学术组织的跨国研究》一书中分析了大学组织的复杂性，认为高等教育的任务激增，国家权威、市场力量以及学术权力等各种形式的力量往不同的方向牵拉，使得国家体制、市场体制以及专业体制成就了不同的办学信念与行动追求。在此背景下，“三角协调模型”成为大学整合各方力量的一种思路。② 简言之，多种主体力量的相互交织使得大学组织的复杂性更加迷离，寻求具有整合意义的公共理性成为大学的一种集体诉求。

依循这一分析理路发现，大学战略规划的分析、制定与实施并不是一个简单的线性思维的结果，而是多种力量相互博弈乃至达成妥协的产物。面对大学战略规划的复杂逻辑，我们可以借助德国社会学家马克斯·韦伯的“理想类型”（Ideal Type）加以分析。“理想类型”是社会科学研究方法论中

---

① 别敦荣.论大学发展战略规划[J].教育研究，2010(8)：36-39.

② 克拉克.高等教育系统：学术组织的跨国研究[M].王承绪，徐辉，殷企平，等译.杭州：杭州大学出版社，1994：153-161.

的一个核心概念,意在说明社会科学的发展并不是一个简单的线性积累的过程,而是"理想类型"的更替过程。这与美国托马斯·库恩在《科学革命的结构》中提出的"范式"概念具有异曲同工之妙。因此,我们在"三角协调模型"的理论基础上,采用"理想类型"的研究方法,将大学发展战略规划概括为现实主义、新自由主义以及社会建构主义三种范式。大学战略规划三种政治哲学的提出,对廓清大学发展战略的方法论具有重大的理论价值,对大学发展战略的制定与实施也具有一定的实践意义。

二、大学战略规划的政治逻辑

对大学战略规划的分析,必须考虑大学组织内外部关系主体的影响。就外部来说,大学战略规划受政治因素与市场因素的制约;就内部而言,大学战略规划特别需要权衡行政权力与学术权力两种力量。可以说,"强政府—弱市场"成为权威政治与市场经济"联姻"的典型特征。在此体制之下,政府掌控一切资源分配的权力,因而在政府、市场与高校的力量对比中,政府权威处于绝对上风。这种实力对比基本决定了高等教育的基本秩序与格局,大学战略规划只能唯政府指令的"马首"是瞻。这种强调以"权力"为中心的大学战略规划,我们称之为"现实主义"的大学战略规划。尽管现实主义是国际关系中的主流理论群之一①,但从微观政治学的角度,我们借此来分析具有相对独立性的大学系统与政治权威之间的关系也具有较强的解释力。

在现实主义视野下,大学战略规划的实质是实力的较量,大学战略规划的制定与实施效果取决于大学在多大程度上可以争取到办学自主权以及学术自由权。无须辩驳,学术权力的基本取向是平等和自由,意在追求真理以达至意识解放;而行政权力的基本取向是等级和控制,旨在维系社会稳定或日常运作。② 可以说,学术创新所要求的自由环境与行政力量控制策略之间存在难以调和的结构性矛盾。这也恰恰是我国大学战略规划不能回避的关

① 唐小松.论现实主义的发展及其命运[J].世界经济与政治,2004(7):7-14.
② 潘懋元.多学科观点的高等教育研究[M].上海:上海教育出版社,2001:297.

键问题。

从外部关系来看,政府的利益诉求集中体现在对高等教育办学方向以及部分教育内容的控制上。大学与政府围绕"权力下放"问题展开了长期博弈,而博弈的焦点之一就是,大学战略规划究竟更能体现大学的自主意志还是政府意志。实事求是地说,我国许多高校在新中国成立初期就具有一定的大学战略规划意识,但在长期的计划经济体制下,大学战略规划几乎都是国家教育主管部门统一制定。各个大学的声音被湮没在一场场轰轰烈烈的运动和教育改革之中,如 1952 年院系调整、"文化大革命"以及 1999 年大学扩招等。由此来说,教育的政治属性使得大学战略规划在政府权威面前优先体现政治意图。但这并不意味着我国大学完全丧失了自主品格,像华中工学院(华中科技大学前身)于 1978 年制订的《华中工学院 1978—1985 年规划》就是大学自主拟定发展战略规划的典范。国家实施"211 工程""985 工程"以及高等教育大众化时代的到来,为我国大学正式开展战略规划工作既提供了机遇也带来了挑战。① 新世纪以来,许多高校纷纷成立大学发展规划处,这标志着我国大学战略规划活动开始走向建制化与常态化。

如今,我国大学战略规划中的政治逻辑依然明显,政治底色不容回避。许多高校的战略规划往往是政府及教育主管部门宏观计划的分解,由于战略目标的弹性很大,决策者并不承担实质性责任。② 制定大学战略规划的两种路径——计划分解和弹性设定都成为高校降低政治风险的重要选择。在政府的"硬权力"之外,高校评估以及经费资助等项目成为政府"软权力"在大学战略规划中的另一重运用。值得反思的是,高校在政府"双重权力"的长期浸润下,所形塑的"官本位"思想几乎成为一种观念牢笼或集体无意识,从而大学发展战略难以突破原有的体制樊篱,由自我局囿而造成的认知障碍与行为习惯将更加根深蒂固。

就内部关系而言,大学战略规划是行政权力与学术权力博弈的产物。大学行政部门通过行使相应的管理职权来维系高校的基本运作,由于此权

① 赵义华.大学不能回避战略规划[J].现代教育管理,2012(2):29-33.
② 徐波.试析大学行政化视角下的权力模式[J].教育学术月刊,2011(1):16-19.

力来源具备一定的实践基础,加之经常贯彻上级教育行政机构的指令,也就强化了行政部门的科层机制,致使大学组织的"官僚化"气息愈加浓重。如果将考察视角进一步聚焦院系组织,尽管职能部门是"行政导向"的,学科组织是"学术导向"的,但两种力量的矛盾并不是完全刚性的,而是可以通过"沟通"予以调和。这就为大学战略规划中行政权力与学术权力提供了一种共生的实践基础,大学治理的"重心下移"将成为未来大学发展的一种趋势。

客观来说,大学战略规划的政治逻辑是在大学战略规划的制定与实施之中,通过行政力量的介入有效干预大学发展方向及其进程。需要澄清的是,行政权力的适度调节有助于引导大学各项资源的合理配置,而过分干预则会极大影响大学发展战略的制定与实施。以"权力"为核心的现实主义大学战略规划在我国具有相当大的市场。改革开放四十余年来的高等教育成果证明了该方法的积极意义。这种政治哲学在公办高校战略规划的制定与实施上具有较强的解释力,在民办大学战略规划上则显现出一定的局限性。

三、大学战略规划的市场逻辑

市场经济的到来,对传统的计划经济体制造成剧烈冲击。作为计划经济体制下的最后一座堡垒,高等教育也不得不开始重视社会需求。大学战略规划必须考虑市场经济条件下大学的角色定位问题。"孤芳自赏"的大学战略规划几乎是没有市场的,必须根据就业市场的人才需求进行适时的战略调整。不仅如此,高等教育国际化潮流使全球范围内的大学竞争不断升级。在国际化进程中,美国、英国、加拿大、澳大利亚等国家的大学教育已经被视为一种"无市场边界"的服务贸易活动。[①] "信息高速公路"则成为拓宽大学教育产品贸易边界的最有效、最便捷的途径。在很大程度上,这都是新自由主义给高等教育带来的影响。新自由主义大学战略规划重视"利益"因素,强调在"利益"诱因下合作双方逐渐形成某种规则或制度以保证"效率",从而进一步促进合作意愿的达成与维系。

① 史密斯,韦伯斯特.后现代大学来临?[M].侯定凯,赵叶珠,译.北京:北京大学出版社,2010:138-140.

按照新自由主义观点,国家需要减少对高等教育的严厉控制,教育服务可以作为一种商品迈向市场化、私有化。大学与社会之间存在一种交易关系,“学生与大学的关系,正逐渐演变为消费者与出售昂贵商品和服务的卖主之间的关系”①。新自由主义的大学战略规划强调以最小的成本获得利益的最大化,这就为大学的资源合理配置与流动提供了契机,但缺少制度规范的大学自利行为也会限制自身广阔的发展前景。

在20世纪80年代以前,我国整个社会与经济体系都处于计划经济模式之中,高等教育也不例外。我国的社会发展经历了“无市场,大而全的政府”到“小市场,大政府”的国家治理理念的转变。党的十八届三中全会提出,“使市场在资源配置中起决定性作用”,这表明传统的国家治理理念正逐步“退场”,“大市场,小而能的政府”治理理念开始“登场”。无论承认与否,新自由主义理念都在影响着我国高等教育的发展走向。这一思潮对大学战略规划的影响,主要是利用市场机制的介入,重新调整大学与政府之间的刚性关系,发挥市场或者社会在大学治理中的积极作用。

新自由主义的大学战略规划明显体现出大学的“经营意识”与“市场意识”,“创业型大学”的崛起就是典型例证。“经营意识”可以有效实现大学内部有限资源的合理配置,达到利益最大化的战略效果,如学科布局、师资配备、招生指标分配等具体事务均是大学战略规划下的行为决策。“经营意识”与传统的大学不计成本的运营策略表现出较大差异,这是企业的战略思维带给大学的重要启思。实际上,成本核算与大学的公益原则之间并不存在根本性冲突。我国许多院校尤其是民办院校将其作为保证大学战略规划有效实施的重要保障策略之一。当然,大学“经营意识”还体现在大学战略规划的标准化管理方面,如院系绩效考核、教师绩效评定等。伴随知识经济的到来,知识经济成为大学走向市场的动机与结果,市场的利益驱动本能已经强势地渗透到曾经被定义为严肃而庄严的“学术圣殿”的大学之中。加之经济全球化的推波助澜,新自由主义已经成为影响大学战略规划的主流理

① 刘易斯.失去灵魂的卓越:哈佛是如何忘记教育宗旨的[M].2版.侯定凯,译.上海:华东师范大学出版社,2012:6.

论之一。

市场在给高等教育系统注入生命活力的同时,也带来了许多始料未及的后果以及诸多不尽如人意的影响。毕竟,大学的发展战略规划不能等于企业的发展战略规划。作为学术组织的大学是一个复杂组织,面临着诸多"两难命题"——坚持效率还是公平、追求高等教育产业化还是公益性。这些命题的正面解答都是大学战略规划不容回避的基本价值判断以及深切的人文关怀。但是,市场天然的自利性往往会诱使大学的战略行动注重短期利益,忽视大学的发展远景,从而违背大学发展战略规划的初衷。正如美国规划专家安娜蓓尔·碧莱尔(Annabel Beerel)所言:"组织实行战略化的目的是对不断发展和变化着的顾客需求做出反应,并针对竞争重新确定自身的位置。遗憾的是,许多还处在'战略'和'博弈'模式中的组织,太忙于打败竞争者,以至于忘记了它们的真正目标——那就是为顾客服务。他们就像赛跑中的选手,一心盯着身旁或身后,却忘记了注意终点线。"①从这个角度而言,在新自由主义的影响下,大学发展战略的企业逻辑重于大学逻辑、市场逻辑优先于教育逻辑、资本逻辑凌驾于学术逻辑之上,此时的大学发展无疑将面临巨大挑战。

伴随社会主义市场经济时代的到来,社会转型带来的急功近利心态已经蔓延至高等教育领域,造成了巨大影响。我国未来的大学发展战略规划必须对新自由主义理念予以高度警惕。

四、大学战略规划的教育逻辑

无论是政治逻辑还是市场逻辑都不可能替代教育自身的逻辑。高等教育需要乌托邦,大学战略规划同样需要带有一定的理想主义色彩,但"并不是虚无缥缈的臆想之物,它是大学在近千年发展历史长河中形成的对大学应有价值的概括和追求"②。拥有崇高的大学愿景才能逐步引导大学摆脱平庸。理想主义仅仅是大学战略规划的一种天然的文化禀赋,但并非全部

① 碧莱尔.领导与战略规划[M].赵伟,译.北京:机械工业出版社,2000:221.

② 眭依凡.大学何以要倡导和守护理想主义[J].教育研究,2006(2):11-15.

内容。更为关键的是，大学战略规划是相关主体在大学发展过程中不断交往、互动，在共同的文化认同框架下形成的一种公共理性而非个体理性，这就是社会建构主义的大学战略规划。它强调“交往”的行动价值和相互沟通、加强反思、改进实践。

社会建构主义的大学战略规划强调沟通机制的重要性，这是该方法论的前提性命题。“沟通是维系组织存在的黏合剂。沟通本身就能使一个团体拥有共同的思想、观点和行动。”①因此，大学战略规划的制定与执行就需要在大学自身逻辑的基础上适当考虑政府、市场的利益诉求，同时在大学内部协调行政权力、学术权力以及学生权利之间的关系，从而达成一种“包容式”的大学发展战略的“命运共同体”共识。这是潘懋元先生提出的教育内外部关系规律带给我们的思想认识。这种“包容式”交往策略就是政府、市场尊重大学的办学自主权，同时大学需要在交往过程中逐步涵养自律品质、坚守大学的价值理性。通常来说，政治或功利的工具理性是大学发展战略规划的宿敌，因为“这是以目的做主导的子系统侵害了以互为主体性原则建构的结构的一个过程”②。大学发展战略规划的相关主体秉持“主体间性”的相处原则，逐步在交往行动中明晰各自的权限或行动边界。

在沟通基础上开拓出的实践机制是社会建构主义大学战略规划的行动纲领。应该说，大学战略规划属于院校研究的范畴，是以行动研究作为核心的研究范式。因此，社会建构主义的大学战略规划是在大学理性的基础上以问题解决为导向，在实施过程中不断反思、调整的一种“螺旋式上升”的战略理念与具体规划。在大学发展的实践过程中，相关主体进一步凝聚“命运共同体”的共识，形成一种无言的心理承诺或契约，将沟通交往的理念与改进现实的行动有效结合起来。这应该是大学发展战略规划中比较理想的模式。从现有的社会条件来看，尽管这种模式仍具有较大的实施难度，但其也必将成为未来大学发展战略规划中积极而稳妥的选择。

---

① 多尔蒂，普法尔茨格拉夫.争论中的国际关系理论[M].5版.阎学通，陈寒溪，译.北京：世界知识出版社，2003：558.

② 华勒斯坦.学科·知识·权力[M].刘健芝，译.北京：生活·读书·新知三联书店，1999：131.

大学战略规划的逻辑起点是大学组织,大学组织运行的政治环境、市场氛围以及教育禀赋造就了不同的大学战略规划模式。现实主义的大学战略规划以“权力”为中心,服从于政治权威;新自由主义的大学战略规划以“利益”为核心,遵守市场规约;社会建构主义的大学战略规划以“交往”为核心,遵循大学逻辑。不同政治哲学指导之下的大学战略规划将面临不同的命运。在现实世界中,几乎找不到一种纯粹的大学战略规划模式,大多是某两种或三种思想的糅合体,抑或是以某一种思想作为主流指导思想的大学战略规划。

我国高等教育所处的体制环境具有较大的特殊性,这使得我国的大学战略规划正经历着三种不同政治哲学的洗礼。目前,我国着力推进高等教育治理体系与治理能力现代化,就是通过政府、市场、高校三方协同治理模式实现大学发展相关主体的力量均衡、利益协调,这是社会建构主义大学战略规划崭露头角的体现。这幅图景既描绘了我国大学发展战略规划的演进逻辑,又反思了大学未来发展的战略抉择。因此,超越现实主义和新自由主义,将是中国大学发展战略规划的一大进步;倘若回避现实主义和新自由主义,大学战略规划则只能是一种罔顾社会事实的理念倒退。

第七讲
大学内部治理中的“校院关系”

内部治理是大学制度建设的重要内容。大学内部治理需要处理多重关系，其中学校与二级学院的关系，是大学内部治理中兼具重要性和复杂性的一对关系。长期以来，学校与二级学院存在着“权、责、利”不匹配的情况，导致两者发展活力不足。学校对二级学院适当放权、明晰权责匹配并做必要监督，成为扭转“校院关系”失衡局面的重要选择。学校需要树立权力下放的意识和决心，厘清权力让渡空间；二级学院需要改变“等、靠、要”的依赖心理，培养领导力，有力承接下放的权力。同时，要设计相关制度，为权力分配及有效运行提供有力保障。

我国大学内部治理存在多种困境①，包括大学内部治理结构的认知困境、由“人治”到法治的转变困境、学术权力与行政权力的平衡困境、治理制度的落实困境、内部治理机构的重建困境、治理主体的确权困境、治理部门的运行困境以及治理成效的监督困境等。相关研究为突破这些困境出谋划策，包括借鉴国外大学内部治理结构②；从大学治理主体、治理关系和治理方法三个维度，寻求大学治理的有效策略③；强调构建一种基于契约的新型信任文化④。这些文献为研究大学内部治理提供了良好基础。尽管一些研究

---

① 刘尧.大学内部治理亟待突破的八大困境[J].高校教育管理,2017(1):21-26.

② 姚荣,王思懿.“上下分治”:西方公立大学内部治理结构的变革——基于任务导向型法权配置的视角[J].江苏高教,2016(6):6-14.

③ 胡仁东.人·关系·方法:大学组织内部治理的三个维度[J].大学教育科学,2015(3):24-30.

④ 向东春,张应强.大学共治的内源动力与价值取向:基于大学内部权力互动关系的分析[J].高等教育研究,2017(10):16-22.

主张对二级学院进行差异化放权[①]，但仍顾虑重重、革新不足。因此，从“校院关系”视角切入，厘清校院权力下放过程中的障碍并提出突破路径，极具现实意义。

“校院关系”是在大学内部，学校层面与二级学院之间的关系。由于大学内部组织结构复杂、组织职能多样且组织特性不一，学校层面与二级学院的权责划分和互动关系错综复杂。学校与二级学院之间的关系是大学内部治理最为重要，也是最难处理的一对关系，“校院系关系不清晰是一流大学、一流学科建设的最大制约瓶颈”[②]。建立新型“校院关系”是提高二级学院治理水平的关键，是二级学院治理必须越过去的“坎”。[③]

一、“校院关系”：大学内部治理的重要范畴

（一）大学治理具有复杂性

“大学治理”是根据大学的本质及其组织特性等因素而产生的综合的、复杂的实践活动。

首先，大学是一个典型的由利益相关者组成的复杂系统。在这个复杂系统中，利益相关者包括政府、市场、行业企业、社会组织、行政人员、教师、学生、校友、学生家长等。每个利益相关者都有各自的利益诉求，他们之间的利益冲突和协调构成了大学治理的重要问题域。大学治理的根本目的在于为利益相关者提供一种良善的治理秩序，让学术共同体能够充分享受知识探究的乐趣。[④]

其次，大学作为高等学术机构，是承担着高等人才培养使命的特殊公共服务事业单位，需要激发学者的创造力和基层组织活力，体现出大学组织的自主性。从履行教学、科研和社会服务等职能的角度看，大学组织又具有公共性。因此，大学治理需要在自主性与公共性之间取得平衡，这种平衡艺术

---

① 叶文明.差异化放权：大学内部治理变革的策略选择[J].高等工程教育研究，2017(2)：134-138.

② 王战军，肖红缨.一流大学院系治理的应然状态[J].教育发展研究，2016(19)：54-62，78.

③ 张德祥，李洋帆.二级学院治理：大学治理的重要课题[J].中国高教研究，2017(3)：6-11.

④ 王洪才.大学治理：理想·现实·未来[J].高等教育研究，2016(9)：1-7.

体现出大学治理的复杂性。

最后,大学内部治理需要面对各层、各类组织结构。大学形成了一个纵向分层、横向设科的“准科层”组织机构,既包括学校、学部、学院、系所等多个层级,又包括教学单位、科研机构、行政管理部门、教辅机构、后勤集团等不同类别。如何保证各层级之间的上通下达、各部门之间的分工合作,是大学内部治理面临的重要挑战。

(二)内部治理是大学治理的“内核”

大学治理包括外部治理和内部治理两个方面。其中,大学外部治理的主要作用是平衡大学与政府、市场、社会等各方的利益关系,因为现代大学是政府、市场与社会力量交汇的场所。大学内部治理是平衡大学内部各种力量的权力关系,划分大学内部不同权力实体的权力和责任,并为运行过程中的相互协调做出制度设计与安排。外部治理与内部治理是大学治理的“一体两面”。在“放管服”改革背景下,政府赋予大学更大的办学自主权,为提升大学的治理能力营造良好的外部发展环境。大学内部治理就是妥善协调大学内部的利益关系,为大学治理能力的提升提供内在驱动力。

(三)“校院关系”是大学内部治理的“缓冲器”

二级学院是大学各项职能的直接承担者,学校是二级学院外部治理的“缓冲地带”,实施二级学院治理将使整个大学的治理更具有灵活性和可操作性。“……惰性随规模的增加而增加。一所大学比一个系更难发生变革;一国的高教系统比一所大学更难发生变革。”①但是,在大学治理实践中,二级学院所处的尴尬地位与其所承担职能的重要性不相符。因此,重视和处理好“校院关系”是高等教育实践的迫切需求,当前无论是在理论上还是在实践中,学校与二级学院的关系既是大学内部治理的重要范畴,也是二级学院外部治理的核心领域。②

---

① 克拉克.高等教育新论:多学科的研究[M].王承绪,徐辉,郑继伟,等译.杭州:浙江教育出版社,2001:126.

② 王建华.学院的性质及其治理[J].中国高教研究,2017(1):13-17.

二、活力不足:“校院关系”失衡的集中表征

(一)“校院关系”的历史变迁

“校院关系”在大学内部治理中处于重要而又棘手的境地。我国大学“校院关系”的发展可以划分为四个阶段:第一阶段是实行“学校—学院”的二级建制。1929 年颁布的《大学规程》《大学组织法》规定,在大学内部可以设置文学院、理学院、教育学院、农学院、工学院、商学院和医学院共八类二级学院,具备三个以上学院的方可称为大学。这一阶段,大学内部二级学院的自主权较大。第二阶段是实行“学校—系”的二级建制。从 1952 年底开始,我国高等教育借鉴苏联模式,在大学内部全面开展调整院系,取消学院,组建系。第三阶段是实行“学校—学院—系”的三级建制,大学从 20 世纪 80 年代开始增设学院这一管理层级。这一阶段是以学校管理为主,二级学院具有部分管理职能。第四阶段是实行“学校—学部—学院—系”或“学校—学院—系”的管理体制。自 1999 年大学扩招以来,大学内部专业和系的数量不断增多,系所的管理功能式微,学院的管理权限开始扩大。在高校管理体制改革过程中,许多高校尝试并推动“学部制”改革①,如 2000 年北京大学组建医学部、2009 年北京师范大学组建教育学部。

(二)“校院关系”失衡的现状

在理想的“校院关系”中,学校是一级办学管理实体,二级学院是学校领导下的二级办学管理实体,管理权力在学校和学院两级管理实体之间分配,形成学校宏观决策、职能部门协调配合、学院实体化运行的管理模式。目前,我国大学普遍实行“学校—学院(学部/学系)—系(所、中心)”的三级组织架构。在效率目标导向下,大学的领导者要求学校具有明确的总目标,并将总目标层层分解到下级部门或单位,学校与二级学院之间通过“命令—执行”方法实现既定目标。“校院关系”的实然状态与大学的组织特性相悖,高校是“底部沉重”的学术组织,基层的自主权是职能活动健康发展、兴旺发

① 邹晓东,吕旭峰.“学部制”改革初探:基于构建跨学科研究组织体系的思考[J].高等教育研究,2010(2):26-31.

达的重要前提。①

具体而言,“校院关系”的失衡主要体现在四个方面:一是学校与二级学院权力分配存在“校重而院轻”的状况。由于学校层面权力过度集中,校级领导经常被繁杂事务分散精力,无法统筹学校发展的宏观性、战略性问题。二级学院层面由于权力过少,处于被动状态。比如,有些二级学院因缺乏人事关系的聘用权,人才流失严重、人才引进困难。二是学校与二级学院之间的职责界定不清晰,存在模糊地带。当权力清单不明确的情况下,工作重叠、责任推诿、协调困难等问题就会暴露出来,从而对大学治理和学院治理成效造成潜在威胁。三是学校层面资源配置不够合理,使资源使用效益低下。学校统一配置资源的优势在于能集中优质资源,促进重点学院和特色学院的发展,但是容易造成二级学院发展的“马太效应”。如果学校在资源配置中采取“撒胡椒粉”式策略,又容易导致资源配置没有重点。四是学校层面绩效考核评价体系不够完善。由学校进行绩效考核,很容易形成“一刀切”的指标体系,不能充分考虑不同学科、不同学术传统、不同发展阶段的二级学院之间的差异。这种“一刀切”的绩效考核标准,往往表现为量化导向。

(三)“校院关系”失衡的“苦果”

权力落空、责任不明、资源不均或利益失调,都显示出学校的顶层设计和二级学院的底层冲动之间存在“信息鸿沟”。隐藏在这种“信息鸿沟”之下的是学校的办学活力不足,具体体现在二级学院和学校两个方面。一方面,二级学院执行不力或仅仅配合学校执行,缺乏足够的动力和能力主动谋求自身发展。另一方面,我国大学仍未摆脱传统行政权力主导的影响,办学自主权不足,缺乏真正的治理理念,表现在学校权力偏大、二级学院自主性不足;二级学院内部行政权力偏大,学术权力彰显不足;学术生态缺失,创新氛围不足。②

---

① 潘懋元.多学科观点的高等教育研究[M].上海:上海教育出版社,2001:342.

② 王战军,肖红缨.大数据背景下的院系治理现代化[J].高等教育研究,2016(3):21-27,38.

三、权力让渡：扭转“校院关系”的关键所在

在大学内部治理的实践中，学校和二级学院往往权责不清。学院外部治理强调大学向二级学院放权，厘清学校与二级学院的权责关系是学院治理的根本。《面向 21 世纪教育振兴行动计划》要求，稳步推进高等教育校院二级管理体制。《中共中央关于全面深化改革若干重大问题的决定》规定：“扩大省级政府教育统筹权和学校办学自主权。”我们从高等教育的长期实践中总结出，从“校办院”到“院办校”的转变就是“给钱、给权、给责、增效”。扭转“校院关系”的关键在于，学校向二级学院放权，实现学校与学院在“权、责、利”等方面的对等，为塑造理想的“校院关系”奠定基础。

（一）权力让渡的必要性

作为“底部沉重”的学术组织，大学的生命力在基层。但是，大学过分科层化，对直线职能制的过分强化，会使院系组织成为学校的一个“生产车间”，二级学院因缺乏相应的权力成为学校管理部门指挥的对象。① 学校通过向二级学院放权，转变了学校职能，把对二级学院的过程管理转变为目标管理。二级学院的职能包括日常的教学管理、学科建设和科研管理、人事管理、财务管理、行政管理。② 从权力使用的效果看，由学校审批决定每个学科的发展规模、资源分派会产生“信息鸿沟”，不如放权给院系，让一线人员做决策，决定人、财、物该用在哪里。因此，学校在各院系、学科的常规发展中应扮演审核、监督的角色，腾出精力谋划二级学院无法完成、关系学校发展大计的重大项目。

（二）权力让渡的空间

学校向二级学院下放权力，是不同类型大学共同面对的问题。学校不满学院治理所存在的“等、靠、要”惰性思维，二级学院对学校犹豫不决的放权态度也多有不满。无论是大学推行的校院二级管理模式，还是从“大学办学院”转向“学院办大学”，本质上都是将学校的权力让渡给二级学院。但在这个过程中，放权者经常会觉得“无权可放”。因此，先要明确学校可以向

---

① 张德祥.我国大学治理中的若干关系[J].高等教育研究，2018(7)：1-8.

② 李素芹.我国大学学院地位浅析[J].现代大学教育，2008(2)：90-94，112.

二级学院下放的权力类型，具体包括：一是要把本该属于二级学院的治学权“物归原主”，让二级学院成为治学主体；二是要把促进二级学院治学权发挥的相关权力让渡给二级学院；三是要对与二级学院治学权关系密切的重要权力进行合理下放；四是在权力下放后，学校要加强对二级学院权力运行的规范、指导和监督，使其在依法、遵章的前提下用权。

（三）权力让渡的困境

学校和二级学院对目前的办学状况均表示不满，共同期待激活二级学院的办学活力，但由于种种原因，学校整体处于“外动内不动”的境地，即外部环境开始变化，但是大学内部治理中的权力关系没有改变。尽管学校意识到“校院关系”中存在问题，但仅停留在“心动不行动”的层面。二级学院意识到获得权力意味着承担更重大的责任，外加学校的犹豫不决，使学校向二级学院的权力下放最终滞留在“上下都不动”的尴尬境地。

在权力让渡的不同阶段，困境产生的原因有所不同：第一，在权力下放之前，学校和二级学院存在思想踌躇不定的情形。学校是否有向二级学院放权的意识、意愿及勇气？二级学院是否具备承担责任的意识、态度与魄力？第二，在权力下放过程中，学校存在“形式下放”和“有限下放”的现象。“形式下放”指权力下放只停留在学校文件中，学校依然保持着对二级学院发号施令的习惯。“有限下放”指学校对二级学院在放权之时存在一定的保留，一些本该下放且重要的决策权力并没有下放到二级学院，学校所要承担的风险和责任并没有因权力的下放而减少。第三，在权力下放之后，二级学院存在“接管乏力”的情况。二级学院院长的领导能力、行政级别、个人威信等可能成为影响“权力承接”的人为因素。另外，学校的权力不是下放给二级学院的某个人，必须实现权力重心在组织结构层面的“下移”，二级学院要具备“权力承接”的组织条件。

四、制度优化：重塑“校院关系”的根本保障

学校放权并不意味着其卸责，而是从管理科学及办学规律的角度激发二级学院的办学积极性。因此，放权的过程也是学校从管理艺术的角度提

升办学效率的积极实践。二级学院获得学校下放的权力,并不是对学校权力的侵夺,也不意味着学校权威的瓦解,而是在一种“松散耦合”的组织关系之中发挥自身的力量。学校向二级学院放权成为扭转“校院关系”的关键,但是需要相关制度作为保障。

(一)强化向二级学院放权的意识并付诸行动

大学要建立健全管理重心下移的授权机制,坚持权责适配的原则逐步放权、放好权。学校不能静等二级学院具备了承接权力的能力再慢慢放权,而是可以先行试点。比如,与二级学院签订目标协议,让其在权力下放的过程中逐步成长。学校主要抓宏观、把方向,做好对二级学院的考核。学校向二级学院分权以后,仍然是一个完整的整体,须与二级学院凝聚共识,实行协商共治。大学要以“权力下放清单”作为载体,在充分调研与沟通的基础上,协商并明确二级学院的职责和权限,确保其在教育教学、科学研究、社会服务等方面拥有足够的自主权。另外,大学要加强对二级学院领导班子的选拔与培训,切实提高其领导能力和治理水平。

(二)建立分工合作的“校院关系”结构

结构决定功能,校院二级管理重新分配权力,意味着校院在组织结构上需要做出调整,否则会导致组织结构与组织功能之间的不适应。[①] 第一,明确学校与二级学院的工作职责和角色定位。学校负责战略规划、资源配置、质量控制和对外联络等宏观工作。学院应承担起具体的教学、科研和学生管理等任务,确保各项工作的细致落实。通过这样的分工,可以确保学校与二级学院在各自领域发挥专长,形成互补优势。第二,加强学校与二级学院之间的沟通与协作。通过定期召开联席会议、建立信息共享平台等,促进双方之间的信息交流和资源整合。第三,完善“管理中心下移”的评估和激励机制。通过建立科学、公正的评估体系,学校对二级学院权力下放的落实情况进行定期评估,权力使用得当、工作业绩突出的二级学院可以获得更大的权限、更多的绩效、更多的资源倾斜等。

---

① 谢新水,李有增.“以院建校”管理体制的学理探讨:结合剑桥大学的学院制分析[J].大学教育科学,2017(1):27-32.

(三)保障二级学院理性承接下放的权力

二级学院要找准角色,建立现代学院制度。现代大学治理研究的核心是二级学院治理,大学治理的重心将从大学管理体制转向学院运行模式,体现出“现代大学制度”走向“现代学院制度”的必然选择。制度建设是保障二级学院理性承接权力的关键。一方面,学校应制定相对完善的权力运行规则和监管机制,确保二级学院在权力行使过程中遵循规定、绝不越权。另一方面,二级学院也应建立健全内部管理制度,规范权力的运行流程,防止权力滥用。

(四)优化二级学院内部治理结构

尽管二级学院党政联席会的领导地位毋庸置疑,但仍存在一些界限模糊的地方。具体表现在:一是二级学院的院长、党委书记谁是“一把手”的问题未达成共识。相关法律明确在学校层面实行“党委领导下的校长负责制”,但是在二级学院尚不存在全国性规定。不同类型高校、不同学术传统、不同发展阶段及不同领导风格,导致不同的二级学院内部院长与党委书记之间存在权力博弈。二是通过制定二级学院学术委员会章程等制度,发挥内部组建的学术委员会或学科建设委员会等学术管理机构的学术决策、学术评价和学术咨询等功能。三是通过民主协商的治理过程与和谐的人际关系,协调好二级学院内部的党政权力、行政权力、学术权力和民主权利的关系。四是建立合理的二级学院外部治理结构,处理好二级学院与大学、社会的关系。

总之,学校向二级学院的放权与校院和谐关系的塑造,均依赖良好的制度设计。一种是“打补丁式”的制度设计思维,其逻辑是哪里存在问题,哪里就需要设计制度;另一种是前瞻式的制度设计思维,其逻辑是通过制度设计来预防可能发生的问题。不同大学可根据校情,灵活运用这两种制度设计。至于制度制定的主体,可以由大学校长牵头,由相关职能部门、二级学院院长、师生代表、其他高校高等教育实践者和高等教育研究者等组成制度制定委员会,对前期调研、制度类型及制度内容等进行把控,使基于学校发展实践的相关制度设计既具有一定的合理性和科学性,也具有一定的权威性和稳定性。当然，由于制度设计具有静态性，可根据各校实践启动相关程序，重新修订不合理的制度。此外，制度之间要做到内容不重复、不冲突且互相补充，形成合力。制度设计是第一步，但是要避免制度悬置。制度制定者既要带头遵守制度、发挥示范作用，又要在制度制定前充分调研，汲取多方意见，形成制度认同。

“大学办学院”还是“学院办大学”，是现阶段不同类型的大学不得不思考的一个问题，它关系到大学的办学活力、办学效率、办学实力以及办学特色等。在“学院办大学”的改革浪潮中，学校向二级学院放权，势必使学校在丧失传统的集中权力过程中有阵痛、二级学院在获得治权后有压力、学校与二级学院的关系面临着重塑，但迎来的将是大学办学活力激发和办学实力提升的美好未来。

第八讲
高校办学自主权中的法治逻辑

“大学自治”可谓历史遗留的瑰宝，它也被现代高等教育奉为圭臬，进而在不同国家、地区的高等教育领域内化与再造。尽管我国未使用其名，但相关领域却渗透着“大学自治”的实质内涵，也就是说我国的高等教育法领域也深受“大学自治”这一范式的影响，有一系列的法概念与之相关，如《中华人民共和国宪法》第47条规定的“科研自由”，《中华人民共和国教育法》《中华人民共和国高等教育法》中的“办学自主权”，司法实践中的“学术自治尊让原则”。[①] 当然，学术界与司法界对这些概念及引申价值的认识本身还存在分歧，但在不同程度上都与“大学自治”产生关联，而与“大学自治”最接近的概念莫过于《中华人民共和国高等教育法》中的“办学自主权”。因此，用“办学自主权”这个本土化概念来装置“大学自治”这一概念的内核，可谓社会各界对此达成的共识。[②] 于是，我国“大学自治”问题的探讨就回归到“办学自主权”的释义上了。

一、高校办学自主权的双面法治逻辑

（一）高校办学自主权双重面向的浮现

在社会主义计划经济时期，“国家权力空前地深入到社会的每个角落”[③]，公法几乎完全吞没私法。计划经济向市场经济转轨、增强个人与社

① 郑磊.论学术自治尊让原则的具体化：基于最高人民法院指导案例39号之展开[J].郑州大学学报(哲学社会科学版)，2016(3)：39-43.

② 蒋后强.高等学校自主权研究：法治的视角[M].北京：法律出版社，2010：21-22.

③ 金自宁."公法私法化"诸观念反思：以公共行政改革运动为背景[J].浙江学刊，2007(5)：143-149.

会的自主性成了众望所归之事，涌现出“婚姻自主权”“企业经营自主权”“生产自主权”“办学自主权”等一系列法律命题。从本义上讲，“自主”意指自己主动，不受别人支配，本质是一种私法词语，如“吃饭自主”“睡觉自主”之类，是个人私生活中不言自明的行动自由。上述命题的提出显然是基于这样一个立场：为防御政府，这类私法“自主”渗透到了公法领域，成为公法命题或公法权利，自然这里的“自主”是针对政府，并非社会与个人。

诚然，“办学自主权”概念的提出也是希冀用“自主权”来确认高校办学活动的消极面向（防御功能），以此来维护“大学自治”和“学术自由”的传统，满足大学自主发展的需要。作为公益类事业单位的一类，我国公立高校承载着较多的国家教育服务义务和责任，因而它与行政机关有着权力面向上的共性。从这个意义上说，公立高校是高等教育管理机构的延伸，司法实践中由此证成了司法介入的正当性。高校似乎成了一个“雌雄同体”“剪不断理还乱”的“第三部门”。

尴尬的身份使得高校权力（利）呈现出双面性。简言之，一个是公共权力的延伸，一个是团体的自治权利，由此所传导出来的自主权性质变得浮动和难以琢磨。换言之，高校“办学自主权”呈现出双重面向，且各自包含的权力（利）内容含糊不清，致使学界对本概念迟迟不能形成统一认识。

目前已形成的有影响力的解释学说，如“国家放权说”①“法律法规授权说”②“公务法人说”③“社团自治说”④等，都从不同的侧面触及“自主权”的某些要素。正如金自宁教授所言，把这些未能达成共识的观点统合起来，无非是一场“国家行政权”与“社团自治权”定性之争。⑤ 一个是国家授权，一个是社团自治权，两个层面所指向的规范内涵和价值取向明显不同。如何破解这一矛盾，即如何将两个相异的规范内涵和价值取向融入一个共同体内并对各自包含的权力（利）内容进行厘定，以往的学说释义并没有很好地

① 周雄文.论高等学校自主权的法权范畴[J].湘潭大学学报（哲学社会科学版），2005(3)：140-144.

② 朱世宽.学校能否作为行政诉讼的被告[J]人民司法，1999(9)：54-56.

③ 马怀德.公务法人问题研究[J].中国教育法制评论，2002(1)：31-42.

④ 金自宁.大学自主权：国家行政还是社团自治[J].清华法学，2007(2)：19-34.

⑤ 金自宁.大学自主权：国家行政还是社团自治[J].清华法学，2007(2)：19-34.

予以解答，过分强调了它们之间的对立而忽视了统一，这便是问题的症结所在。

(二)明晰双重面向的法治逻辑关系

明晰“办学自主权”的双面法治内涵是破题的关键。双重面向所蕴含的规范意义和指向的价值目的显然相异，可从两个方面进行考察。

就规范内涵而言，两个层面其实是被放置在不同的权力结构之中。对于国家授权，高校是行政诉讼的适格被告。如此，高校的权力运行就被严格限定在“国家授权—依法设定”的基本权力结构中，不突破上位法所设定的权限范围、履行上位法框定的“依法办学”义务是此结构的基本要义，为“国家放权说”“法律法规授权说”提供了立足之地。对于社团自治权，高校“办学自主权”可解释为一种团体自治权，倾向于市民社会权性质，在不与国家强行法规定相冲突的前提下[①]，高校享有自行组织教学、科研以及服务社会的权利，政府与高校实际被放置于“国家—社会”二元权力结构中，总体遵守“不违法”的审查原则。

就价值取向而言，两个层面恰好建立在两种互异的法治原理——与政治国家/市民社会相对应的公/私法之上。就国家授权而言，将高校办学自主权视为“国家行政权”的一部分，那权力运行自然适用“法无授权即禁止”的基本公法原理。在权力的规制方面，诸如依法治国原则、法律保留、程序正当、司法审查等公法限制都可悉数上阵。就社团自治权而言，作为团体自治权的一种，高校办学自主权是市民自由权的一部分，因此“法无禁止即自由”是权利行使的总基调。在权利的保障方面，根据基本权利的双面价值，不仅要保持“负面清单”的消极不干预效果，还要积极给予制度保障。

那么，高校“办学自主权”为何会呈现出双面内涵，并试图将两种互异的价值取向装置在一个“共同体”中呢？应该说，“时空压缩”下中国法治的双重任务，能够为此提供一个较为有力的解释。也即是说，一方面，为完成形式法治任务，需强调高校是“公权行为”的享有者，由此满足司法审查的需要；另一方面，为完成实质法治任务，又要求高校加快去行政化的步伐，套用

① 龙卫球.民法总论[M].2版.北京：中国法制出版社，2002：444-445.

法人“私主体”的特质，来证成高校是“自治权”的享有者，满足大学办学自主权、学术自由的需求。① 于是，高校就成了“不能承受之重”，化身为一个“矛盾共同体”，对公权力（政府）既畏之又不可或缺。

综上，我们可以感知两者之间如“针尖对麦芒”，谁都不会轻易败下阵来。既然如此，那为何不掉转船头，从寻找两者的对立转换到寻找两者之间的统合？“国家行政权”和“社团自治权”的定位都是试图调和与政府（公权力）之间的关系，但两者都走向了极端，要么过度“行政化”，要么过度“自由化”。我们不妨分别思考这个问题的不同面向：高校与政府间的权力关系，可以看作高校的外部关系。高校如何相对于政府自主治理，是社团行使自治权利的表现，可以视作处理高校的内部关系。由此，高校办学自主权可以从外部的法治分权和内部的自主治权两个方面加以理解。

二、基于外部关系的高校法治分权逻辑

通过政府与高校间分权的法治化，划定政府与高校的教育行政管理权限，为高校不依附于政府而行使教育事务管理权提供法律依据。政校之间该如何分权与法治化？我们第一步先定位总的分权模式，第二步就具体事项探讨如何法治化。

（一）政校分权模式探讨

我国总体上呈现出一种“行政分工型”分权样态。那么，以央地纵向分权为基础而建立起来的横向分权（包含政校分权）②，事实上也不能“独善其身”。换言之，政校分权所适用的分权模式并不能突破我国整个央地分权体制，囿于这类分权体制中政府主导过于强烈，所以它所适用的分权模式是一种弱对抗性的，即高校享有分权但受政府主导。我们可以把这种分权形态

① 这一点在学位纠纷审查中表现得尤为明显，就高校学位授予要件合法性问题而言，各级法院也经常出现摇摆，偏重监督高校行为、保护学生权益的法官会执行“不相抵触”标准，施加更多公法限制，而基于对“学术自由”的尊重时，法官会更倾向于将学校规定作为自治规则看待，执行“不违法标准”，给予一个“私自治”的空间。参见：陈越峰.高校学位授予要件设定的司法审查标准及其意义[J].华东政法大学学报，2011(3)：110-120.

② 程雪阳，沈开举.公务分权：中国央地关系改革之关键——改革开放三十年公务分权发展的初步考察与评析[J].云南大学学报（法学版），2009(6)：2-6.

拆分为两个层面来看:第一个层面从高校是否享有分权地位来看,可以划出集权、分权两大类;第二个层面从政府与高校是否独立平等来看,可以划出不独立的政府主导型与独立的高校主导型两大类。如果以分权地位享有为横轴,将集权引向横轴的左端,分权置于横轴的右端;以是否独立平等为纵轴,将独立的高校主导型置于纵轴上端,不独立的政府主导型放于下端,我们可架构起这样一个坐标图,如图 8-1 所示。

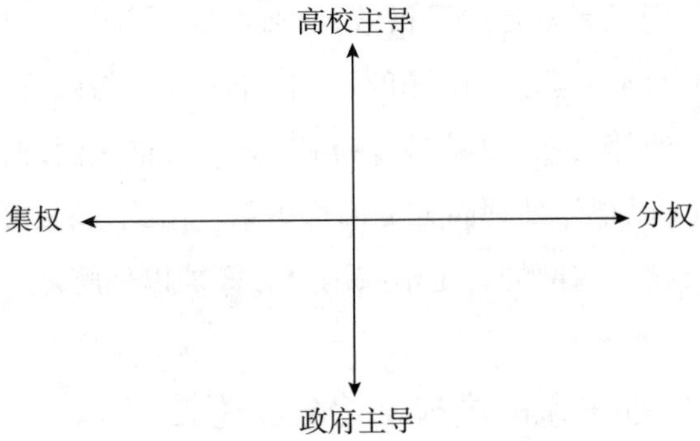

图 8-1　政校分权关系简图

接下来进一步填充图 8-1,让它变得有血有肉。就横轴而言,分权与集权之区别关键在于是否有法律等明确规定与授权,从而分享教育行政管理权;在纵轴上,其实就是判断政府与高校间独立性大小的问题,政府主导实际是“全能政府”的表现,相应的高校主导则为“有限政府”,也称为“他治”与“自治”两类模式。[①] 于是,十字坐标图就划分出四块区间,形成四种不同模式。从左下开始沿顺时针方向逐一看,第一个区域是政府主导的集权模式,苏联和我国计划经济时期的高校应属这一模式。第二个区域是高校主导的集权模式,理论上成立但实践中比较罕见,欧洲中世纪某些大学本身并

① 当然,在此有必要说明一点可能存在的困惑。本身自治意味着分权,这两者是一码事,为何还有“他治”的分权呢?理解这个困惑得清楚图 8-1 中分权仅表示有组织法依据,授权相应事务的管理权,是一种狭义的分权概念。如果这种管理权只是分工性分权或上级管理权的延伸,那么事实上高校分得的这个管理权是不足以对抗上级政府的,也是不独立的,因而是一种行政主导型分权。直白地说,这里存在一个分权法治化程度高低的问题。法治化高就更独立。正如我国的行政许可和行政审批的关系,虽有《中华人民共和国行政许可法》作依据,但政府却大量使用行政审批手段,事实上使得行政许可成为政府审批的内部分工,可谓政府主导的行政许可。参见:王克稳.论行政审批的分类改革与替代性制度建设[J].中国法学,2015(2):10.

未获得法律授予的教育行政管理权，它们实际上也不受政府控制，可划归这类模式[①]。第三种模式在分权盛行的欧美国家比较常见。依照前述的论断，那我国目前就应该是第四类模式，虽有分权，但是为政府行政主导。这样就把图 8-1 深化成了图 8-2。[②]

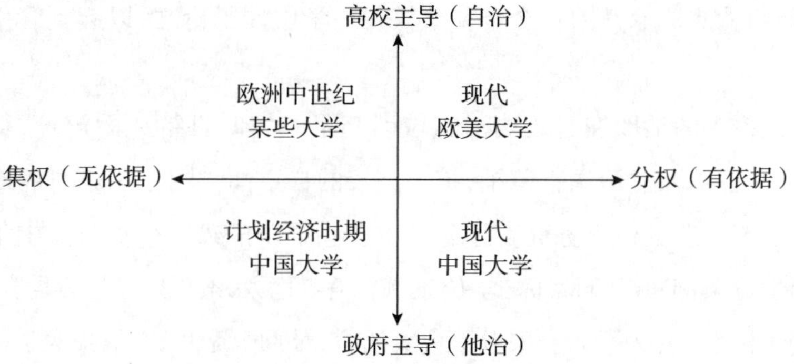

图 8-2　政校分权关系的不同样态

从图 8-2 中，我们可以明确我国高校所呈现出的分权样态。虽然这些年政府自身在不断简政放权，向"有限政府"转变，但这一转变的成果并没有很好地进行制度化、法治化定型，政府主导的面貌还将持续。作为一种分工或职能延伸意义上的分权，此模式最大的缺点是它的独立性匮乏，行政权容易压制法律权力。我国教育界呼吁政府主导型分权转变为高校主导型分权。只有将政府主导改为法律主导，高校与政府的关系才会稳定与可预期，并保持各自的独立性，政府用行政手段去压制高校中法律授权的管理事项的机会就大大减少，高校的办学自主地位才会形成，这才是自治分权模式。归结而言，我国的政校分权法治化程度较低。

（二）具体分权事项探讨

明晰了政府主导模式的弊端——法治化程度低，提高法治化水平的重

---

① 如刚成立的巴黎大学并非与市政当局有直接的行政关系，而是后来市政当局为巩固自己的统治才不断要大学向其提供人力和智力帮助，因此更像是一个外部合作关系。参见：里德-西蒙斯.欧洲大学史：第一卷：中世纪大学[M].张斌贤，译.保定：河北大学出版社，2008：180.

② 有人也将此称为"四种基本的治理模式"，在图形的架构上本书对此进行了借鉴。不过本书的旨趣与之不同。详见：丁笑梅.大学治理结构研究：基于比较的视角[D].上海：华东师范大学，2014：71-76.

要性就不言而喻了。重点在明确政校相互间的权限,而权限的落脚点则是具体的分权事项。具体事项包含哪些,常言的人、财、物可谓一个宽泛的标准。《中华人民共和国高等教育法》第三十二至三十八条列举了七大类相应的事权,就形式上而言,高校权力不小。鉴于篇幅,本讲难以对所有的事权面面俱到,就此选取其中一个重要事权——学位授予论之,以起到管中窥豹的功效。

学位授予的话题在高校法治领域引起了一场旷日持久的辩论,得出的结论大致是:纳入法治调整范围,扩大高校的自主性。① 但是,这种相对空泛的结论对于一项具体事务而言还是显得有些难以招架。举一例,《中华人民共和国学位条例》(以下简称《学位条例》)第四至六条规定了"三类学位"相应的授予标准,条文用词上采取了模糊语言,如"成绩优良"是获取学位的前提条件,但"成绩优良"并不可测,高校制定《学位授予工作实施细则》时享有充足的裁量空间,五花八门的道德要件能否成为剥夺学位授予的限制条件就难以定论②,只能求助司法个案裁决。另外,政府牢牢掌控学位授予的审核权,在西北政法大学"申博"复议案中充分暴露了传统的、直接的、命令式的行政管理方式弊端,也为法治化改革提供了契机。③ 因此,明确高校自主权与政府监管权两者之间的界限并非易事。

其实,学位的双重性——一方面是个人智力的结晶,另一方面是国家形塑人才的重要工具——使得它在事实上游走于自治与法治之间。因此,我们所要解决的并不是具体的权力界限,而是划分界限的方法。法治正是一

① 杨建顺.完善法规范是解决教育纷争的根本保障:从西北政法大学"申博"复议案看我国学位制度的完善[J].中国教育法制评论,2010(8):237-247;程雁雷.背景·问题·启示:西北政法大学"申博"案引发的法律思考[J].中国教育法制评论,2010(8):224-231;张冉,申素平.国家学位制度与大学学位制度比较分析[J].学位与研究生教育,2013(9):39-44;朱平,赵强,程诗婷.我国学位授予权的三重属性探析[J].学位与研究生教育,2013(3):41-44;张勇.我国高校学位授予权研究[D].上海:上海交通大学,2014;马怀德.学位法研究:《学位条例》修订建议及理由[M].北京:中国法制出版社,2014.

② 有人认为,宽泛的道德要件及其成为剥夺学位授予资格的条件是一种"擅作主张",有违"禁止不当联结原则"之嫌,参见:马怀德.学位法研究:《学位条例》修订建议及理由[M].北京:中国法制出版社,2014:5-6。有人认为,这是大学自治下的"自主事务",是学位授予资格审核应有的品行标准之一.

③ 王敬波.学位授权审核法治化路径探析[J].学位与研究生教育,2014(7):39-43.

种分权方法,用以平衡权力。学位的权力经历了一个从国家到高校的内化过程,这个过程至少包含学位授权审核、学位授予、学位监督检查等要素。换言之,目前我们普遍知晓的颁发学位证行为只是整个国家学位管理权力中的一环,也是高校目前享有行政主体资格的直接依据。然而,至于其他两大类事权(授权审核、监督检查),高校很难从行政机关手中"分得一杯羹",但这并不排除法治分权下立法机关对两者权限的重新调整。以下对各事权要素分别阐述。

第一,学位授权审核是逻辑起点,在学位授予权的产生问题上,谁有资格成为学位授予单位基本是政府部门说了算。因此,学位授权审核的权力目前是由国家行政机关独享。当然,就中央和地方层面而言,通过中央放权,省级学位委员会获得了地属高校一部分学位授予权,但权力并不及于高校。所以,在这类事权上高校事实上处于相对人的地位,学位授权审核也被业界当作一种"内部审批",高校自然无商量的余地。但是,随着高校办学自主权的扩大与落实,学位授权审核也出现了松动情况。如果这类事权要在政府与高校间进行调整,只有采取法治方法才能防止权力审核权陷入"收放"怪圈。

第二,通过学位授权审核,高校获得学位授予的事权(即颁发学位证权),这是高校被授权的标志。而明确事权的大小并非易事,即如何明确学位授予标准,法律上有些模糊。事实上,法律采取了有利于高校自主的立法技术:国家层面的立法是一个最低标准的立法。因此,目前《学位条例》给出的标准是可以接受的。但是,下位法规细化时应明确一些学术性的指标,形成一个学术标准体系,类似于行政机关的裁量基准,从而为高校的权力行使提供明确依据。

第三,对学位授予这个最低的"准入"门槛,国家保留了最后的话语权,也就是学位监督检查的权力。当高校不能很好地行使配置的事权之时,自然应承担法律后果。然而,至于监督的权力,高校能否分享呢?应该说,在个人和组织自我规制勃发的态势下,高校承担起一部分监督责任,如自我评估、自我监察的责任是有可能的,因此学位监督权力部分下移也是可行的。

立足以上,我们可知:如何分权并不是一个量化的结果,而是一个动态的过程。吸纳行政过程理论,依赖组织法形成一个好的法治权限划分体系,是权力主体间各就其“位”、各行其“事”的保证,从而实现防御政府不当干预的目的。

三、基于内部关系的高校自主治理逻辑

通过高校“私主体”的刻画,借鉴私法主体的两种能力——平等的权利能力和差异的行为能力,为高校按照学术逻辑的特色治理架起理论桥梁。

(一)基于学术自由的“私主体”刻画

前述外部关系之间,高校基于法定的事权而分享公权力,是其权力一面的显著表征。就内部关系而言,高校基于学术自由逻辑而独立自主,本质是为了追求“私主体”权利,以实现社团自治。以下对高校的“私主体”属性进行刻画。

在大陆法系中,公法与私法的区分历时悠久而能存续,拥有其“在先优势”——这意味着,除非有证据证明这种传统或习惯已经不再适合,否则像以前一样接受它称得上是明智的选择。[①] 应该说,这一观点对解释我国为何要接受公法与私法的区分也是有说服力的。当然,接受公法与私法区分更本质的意义还是在于两者承担着不同的功能。公法承担起约束公权力的任务,通过“法无授权即禁止”、程序正当等法治原则在公权力面前树立起一道巍峨的保护屏障。而私法则承担起维护以意思自治为核心内容的市民社会秩序的任务,“法无禁止即自由”原则体现了对当事人自由、自主、自治的尊重。

我们重拾这一区分并非要抹掉新公共运动所带来的公私法交融事实,而是在交融之外,把握两者界分的精髓,来分类解答高校这类第三部门所应有的治理意涵。这一界分的精髓正是两者追求的核心价值——“公法羁束”与“私法自治”的不同。因此,对于国家组织或私人的不同基本状态确立不同的规制模式而言,公法与私法就有必要被区分[②],如果国家力量任意侵入

① 金自宁.“宪法第一案”与公法“私法化”[J].法治论丛,2007(1):67-73.

② 阿斯曼.秩序理念下的行政法体系建构[M].林明锵,译.北京:北京大学出版社,2012:270.

私人生活,造成私人关系之间的平等,无异于敲起自由之丧钟①。而这种免于政府干预,追求"意思自治"的私法精神,正是近代以来大学理念与大学法制所追求与发展的目标。

德国的威廉·冯·洪堡可谓大学私法自治精神的首推者。他所设想的大学中的个体应该在"寂寞和自由"的状态下从事研究工作,"寂寞"和"自由"成为大学制度建构的基本原则。所谓的"寂寞"有三个层次:(1)大学作为纯粹学术机构独立于国家,不受国家干预;(2)大学致力于纯粹学术与人的教化,独立于社会、政治、经济事务;(3)大学师生应潜心于学术,自甘寂寞如同离群索居的隐士。② 这种近代大学学术自由理念不仅影响到大学的组织结构——教授治校,甚至影响到大学选址——选择偏安一隅人迹寥落的小城。从私法的视角而言,这正是私法自治原则的一个生动写照,秉持古典自由主义的一贯立场,旨在实现"私主体"行为自由的最大化。正如德国学者罗伯特·霍恩等人所言:"私法最重要的特点莫过于个人自治或其自我发展的权利,为一般的行为自由提供一种灵活的工具,它可以不断进行自我调节,以适应新的目标。"③因此,大学学术自由实际承载着私法自治原则的核心内涵,从这一点来看,学术自由是私法自治原则的一部分。但是,它又是怎样变成了公法(宪法)权利的呢?

这必须查看学术自由的变迁史。在国家崛起的背景下、民族主义情结的浸润下,政府主导高等教育已十分普遍。在面对政府公权力的不当干预时,所谓的大学私法自治原则无法招架。在国家为达到政治目的而推行自身政策时,难免对大学追求真理的权利进行"克扣"。比如,1819 年 9 月,德意志邦联在时为奥地利外交大臣的梅特涅操控下通过"卡尔斯巴德决议",规定严格控制大学,派"国家特别代表"监督,查禁大学生协会,强化新闻书刊检查。1837 年,为抗议统治者废除汉诺威宪法,哥廷根大学七名教授拒绝向王室宣誓效忠而被开除公职。④ 此外,20 世纪还发生了震惊德国高等

① 陈新民.德国公法学基础理论:上册[M].济南:山东人民出版社,2001:312.
② 陈洪捷.德国古典大学观及其对中国大学的影响[M].北京:北京大学出版社,2002:39.
③ 霍恩,科茨,莱塞.德国民商法导论[M].楚建,译.北京:中国大百科全书出版社,1996:90.
④ 贺国庆.德国和美国大学发达史[M].北京:人民教育出版社,1998:52.

教育界重大事件——“施潘事件”[1],这些都反映了政府公权力对大学学术自由权的可能侵害。可见,“为探索真理而建立的自由地”这样的大学理念过于纯粹,大学始终在学术自由性与受控性这一对立统一的矛盾中寻找救赎。[2]

这就为发展一套抵御政府侵害的大学公法体制提供了内生动力。而宪法恰能满足抵御政府侵害的需要。宪法所具有的高于政府的“先定约束力”使其拥有普遍约束力和超越性地位,那么政府在对宪法规定的基本权利进行限制时就需要得到宪法的认可[3],于是在脆弱的个人与强大的公共机构“跷跷板平衡游戏”中通过宪法权利装置使得天平压倒性地向个人倾斜,为对抗公权力增加了重要筹码。进而,学术自由列为宪法权利就成为现代国家的一个发展趋势。

从这一历史视角,我们挖掘到了学术自由写入宪法的本质——提高公权力入侵的成本,以遏制非法侵害。为何要提高成本,无非是为了增加个人筹码来平衡强大公共机构与脆弱的个人之间的关系。而这正是大陆法系为何要建立起公法的一个重要缘由,也是罗豪才教授等提倡的“平衡理论”所孜孜不倦的追求目标。[4] 这个平衡过程,通俗一点讲,即是跷跷板先向政府倾斜,给予其多于个人的“特权”,随后通过制度安排增强个人的对抗能力,重新回到平衡。因此,公、私法区分本身就带着很强的实用主义制度安排。如盐野宏先生所描述:“区分公法与私法可从有用性(技术性)着手,在实体法适用上,当存在明文法规定时,只要适用该明文法即可,无需探讨公法与私法的问题。”[5]

既然如此,公、私法区分就不是目的而是手段。而手段无非是为目的服务,也即是说,“尽管在一个自生自发的现代社会秩序中,公法对于作为基础的自生自发秩序的作用的发挥而言是必需的框架,但不能因此而使公法渗

① 张斌贤,王晨,张乐.“施潘事件”与德国的学术自由[J].教育研究,2012(2):134-140.

② 孙绵涛,康翠萍.学术自由性与受控性的对立统一:学术自由大学本质观的重新审视[J].教育研究,2011(6):52-59.

③ 张千帆.宪法学[M].北京:法律出版社,2004:166-167.

④ 罗豪才.行政法平衡理论讲演录[M].北京:北京大学出版社,2011.

⑤ 盐野宏.行政法[M].杨建顺,译.北京:法律出版社,1999:24.

透或替代私法"[①]。因而区分公、私法的最终目的还是维护大学的学术自由,还大学主体一个行为自由的最大化。

综上,我们通过探析学术自由的历史变迁,可以看出古典的学术自由本是私法自治原则的一部分,近现代为对抗政府干预而演变为公法权利(宪法权利),出现了公、私权利的区别。但这种区分并不是目的,而是为了回应因民族国家的崛起、政府权力的扩大而率先打破的横跨在国家与社会间"跷跷板"的平衡,而回应的手段即是在社会、个人这端设计一个权重装置(即宪法权利)来使"跷跷板"重新达致平衡。这可谓公、私法区分的初衷。[②] 而事实上公、私法在属性上有相当的互通性,在权利义务的意思行为和法律效果存在一致性。[③] 那么,我们可以这样说,从私法到公法,学术自由只是换了一副面孔,它的本质——不受干预、私人自治的防御功能贯穿始终。[④]

可见,无论是公法还是私法,学术自由都是为了高校自治或自我发展。那么,公法视野下的学术自由本质也无非是追求"私主体"权利,只不过是相对于政府的"私主体",也是为了实现防御政府的目的。

(二)私法上的启示与高校治理的两个能力

在私法语境中,各主体都享有两个基本能力——权利能力与行为能力。权利能力是指民事主体享有权利和承担义务的资格,它与主体挂钩,亦称为人格。人格的基本要义是平等,是人称其为人的前提。它意指各主体平等地享有权利的能力,是一种规范意义上的能力,一种从事某种行为的资格。行为能力则是能够以自己的行为依法行使权利和承担义务的能力,它是一种事实上的能力,是以自身条件为支撑从事某种行为的可能。这种二元划分是民法上的一种法律技术处理,所强调的乃是权利能力的平等与行为能力的差异。平等是一种"尊严",差异是一种"自主"。高校的"办学自主权"所追求的特色办学,在本质上正是"平等"下的"差异",所以这种私法技术

---

① 哈耶克.法律、立法与自由:第1卷[M].北京:中国大百科全书出版社,2000:27.

② 王名扬.英国行政法[M].北京:北京大学出版社,2007:7.

③ 美浓部达吉.公法与私法[M].黄冯明,译.北京:中国政法大学出版社,2003:85-90.

④ 杨利敏.行政法与现代国家之构成:两大法系行政法结构性特质形成之探析[M].北京:北京大学出版社,2016:152-154.

能够为我们分析高校内部治理提供良方。

1.高校治理的权利能力

高校的权利能力源于高等教育法律规范体系的赋予。在高等教育领域,按照我国“金字塔”型法源结构,形成了以《中华人民共和国宪法》为塔尖,《中华人民共和国教育法》《中华人民共和国高等教育法》《中华人民共和国学位条例》《中华人民共和国民办教育促进法》《中华人民共和国教师法》等法律、法规为塔身,规章、其他规范性文件等为底座的规范体系。《中华人民共和国宪法》第四十七条规定了“科学研究的自由”,运用基本权利的客观价值秩序理论,能架起科学研究自由通往我国高等教育制度的桥梁,此款也成为我国现代大学法制的宪法基石。[①]《中华人民共和国教育法》《中华人民共和国高等教育法》《中华人民共和国学位条例》等法律基本划定了权利能力的大小,使高校在法律层面上获得了一个相对较大的权利能力。中央部委、地方政府的规章、其他规范性文件则是权利能力行使的准则。可见,在权利能力上,高校依据充足。

但这种法律依据只是资格要件,事实上采取的是一种模糊化与不特定化的法律处理技术,即“一视同仁、不差别对待”,是宪法上一律平等的体现。我国公立高校与私立高校法律地位完全平等也是基于此。不过权利能力仅仅是准入“资格”或开放依据,并非“办学自主权”所追求的最终结果。如果将结果等同于“资格”,那将导致“千校一面”的办学困境,也与私法所追求的“法无禁止即自由”的要义相违背。就这一点而言,权利能力是一种“解禁”而非“禁止”。

2.高校治理的行为能力

在权利能力上,各高校获得了“平起平坐”的资格,但在行为能力上则体现为相互竞争。换言之,高校获得了法律权利并不等于说其获得了藏在权利背后的利益,权利背后的利益要靠行为能力的行使获得。行为能力强,则基于“法律权利”所获得权益就大,反之亦然。行为能力受制于行为主体自身的“素质”。就我国高校而言,影响自身“素质”至少可从“先天基因”和

---

① 王德志.论我国学术自由的宪法基础[J].中国法学,2012(5):5-23.

“后天品格”两方面来看。

“先天基因”主要是指高等教育领域计划经济的残留。在高校“优劣”的认定上,官方的行政印记一直深刻,至少有部委直属、省级重点、普通高校等类别划分。等级越高,教育资源的倾斜就越多,行为能力自然就越强,反之亦然。但是,这种做法实际是用政府的选择替代了市场的理性选择,高校行为能力强弱并非自主竞争的结果,在对高校自主行为的信任上,政府选择胜过社会公信力,最终的结果是弱化了高校自主能力。

先天不足靠后天弥补。在“后天品格”的建设上,可以通过高校内部治理的自主化形成差异化,相应生成不同高校之间办学水平的高低、办学风格的差异。目前法人治理结构的改革即是扩大自主的一种努力。2011 年发布的《中共中央 国务院关于分类推进事业单位改革的指导意见》明确了我国公益类事业单位的分类治理模式:法人治理结构与行政管理模式。高校属于公益法人大类,应采取法人治理结构。在结构形式上可探索建立理事会、董事会、管委会等多种形式。随后,2014 年教育部的《普通高等学校理事会规程(试行)》对高校的理事会(董事会)进行了定义,它是由办学相关方面代表参加,支持学校发展的咨询、协商、审议与监督机构,是高等学校实现科学决策、民主监督、社会参与的重要组织形式和制度平台。这就为我国高校推行董事会治理结构提供了法律依据。

从法律规定的作用来看,它承担着通过民主参与来优化大学结构、拓展大学发展空间的使命。民主参与目的是对过去高校内部治理结构中行政命令过度的一种改良。但是,行政管理模式在效率上有着自身的优势,何况目前我国大多数公立高校尚不能完全享有对大学教育服务要素的独立决定权,行政管理仍是重要的手段。① 因此,董事会治理并不意味着取消行政管理,它实际上是一种协调“民主”与“效率”的综合机制。

① 于安.公立高等学校的依法治理问题:基于公益服务原则的制度性观察和思考[J].华东师范大学学报(教育科学版),2018(2):29-37,153.

四、高校办学自主权双面逻辑的统合

外部的法治分权可以使高校获得不依附于政府的法律权力，内部的自主治理可以使高校形成各自的办学特色。二者目的是一致的——提高抵御政府侵害的能力，这也是"办学自主权"理应承担的历史使命。但是，高校作为公权力享有者必然涉及权力运作，而防止权力遁入"私门"就必须有法律依据。那么，如何将外部分权所获得的法律权力进行内化，这就是在统合层面需要处理的问题。

(一)统合的前提：看待内外部关系视角的转换

过去，我们一直苦苦追寻的高校法治与自治之维，本质就是调和上述"外部享有公权力"与"内部追求私主体"之间的矛盾。但是，在对待内外部关系上，我们习惯性表达为："所谓的'自主'就是相对于大学外部而言，'管理'相对于大学内部而言，自主管理是大学在相对教育行政部门等外部独立的基础上所进行的内部管理。"[①]于是，在对抗外部公权力的不当干预时，我们过分倚重了"大学自治""学术自由"这类"自生自发的秩序"[②]。

诚如前述，这类"自生自发的秩序"是高校追求"私主体"地位的理想结果，是支撑内部自主管理的重要逻辑，它并非外部分权的"权重"因子。可见，以往的错误就在于：用内部自主的逻辑来替代外部分权的逻辑，试图用"自主"来求取"分权"，在内部又借用公权力名义大行科层管理之道，将行政权力的触角延伸到高校的各个角落，内部的自主与民主难以维系。因此，有必要对传统的内外部关系视角加以转换。

就外部分权而言，传统视角产生疑虑的原因在于，行政权力转移具有内部性特征，它通常发生在政府部门上下级、同级之间。在现实中，高校一直追求办学自主，自然排斥基于政府内部身份而享有的分权地位。在2009年西北政法大学"申博"复议案件中，高校相对人地位的确立被誉为高等教育法治领域又一里程碑[③]，从中可以窥见学界的排斥态度。

---

① 湛中乐.通过章程的大学治理[M].北京：中国法制出版社，2011:207.

② 哈耶克.自由秩序原理[M].邓正来，译.北京：生活·读书·新知三联书店，1997:7.

③ 湛中乐.西北政法大学"申博"案的思考与解析[J].中国教育法制评论，2009(7):261-279.

事实上，高校是不可能脱离行政力量而单独存在的，资源的有限性与满足学术需求之间的矛盾将产生竞争公平性和分配公正性问题，这类问题可能给予行政方面更多主导高校的机会。[①] 就高校权力的来源而言，“自治权不是固有的，而是传来的”[②]，分享公权力是法律授权的结果。且不说这种授权，退一步讲，高校依据内部自主管理权制定自治性规范，事实上也是一种公权力，一种社会公权力。而社会公权力乃公共权力之分支，是由于政府负担过重，迫使其不得不将部分国家公权力“还给”民间组织或社会团体行使，这也就出现了国家公权力的社会化进程；社会公权力即由此再次“凸现”于国家治理舞台。[③]

权力并不可怕，可怕的是权力不受约束。由此而言，高校自主并不排斥公权力，而是应该坚持它的公权力性，用法治分权来明确主体的权限范围，解决权力间的冲突。那么，如果将西北政法大学“申博”复议案件纳入权力冲突视角，实际上此案是政府与高校间就学位授予事权如何分配产生的冲突。在央地纵向分权中，按照通说采取事务“影响范围”标准比“重要程度”标准更合理一些[④]，但是政校间的事权配置，不能简单套用模板，采取事务的“专业性”标准可能更合理。

除了事前通过立法划定事权，也应该有动态的权限微调机制和事后的权力冲突解决机制。这个任务可主要由司法系统来承担，但是，发挥司法对政校权限冲突的微调功能，建立一套规范性、可操作的政校权力冲突解决程序是必要也是可尝试的。

（二）统合的关键：选择高容量的内化通道

高校将外部分权中所获得的法律权力进行内化需要合适的通道。由于通道所能承载的功能有别，它的容量也就存在差异。核心功能涵盖范围越广，通道的容量就越大，统合的潜在能力也就越强。目前，高校治理体系有

① 于安.公立高等学校的依法治理问题：基于公益服务原则的制度性观察和思考[J].华东师范大学学报（教育科学版），2018(2)：29-37，153.

② 盐野宏.行政法[M].杨建顺，译.北京：法律出版社，1999：603-604.

③ 徐靖.论法律视域下社会公权力的内涵、构成及价值[J].中国法学，2014(1)：79-101.

④ 张千帆.宪法学导论：原理与应用[M].北京：法律出版社，2004：263-266.

两个通道——高校校规和大学章程——实际承担着权力内化的作用。

高校校规应接受法院的“检视”，这在以往的教育行政诉讼案件中已有定论，至少颁发学历学位证、改变学生身份的重大处分、招生与退学等与教育行政管理权颇有渊源的行为被纳入了受案范围。这其实是肯定了高校校规具有抽象行政行为的法律性质，在法律地位上可类同于“规章以下的规范性文件”[①]。从宽泛意义上说，高校校规被视为一种下位法，是对法律、法规和教育部规章的细化规定，在整体上要遵循合法性原则，不得突破上位法的权限，在进行合法性审查时可以参照规范性文件的审查标准，实行比“参照”更灵活的“参考”标准。因此，校规实际上深嵌于“金字塔型”法源结构的底座，更像是政府行政管理规则在高等教育领域的一种延伸。即高校校规实际属于外部分权的范畴，处理的只是权力之间的关系，那么其核心功能所能涵盖的范围就有较大局限。

大学章程是大学内部的“宪法”。为保证大学的独立地位，大学的权力机构根据国家或地方政府教育法律法规，按照一定的程序制定大学章程。它是有关大学组织性质和基本权利，并具有一定法律效力的治校“总纲领”。大学章程对外承接教育法律法规，以合理分配教育权力，是大学的组织法；对内彰显自主与民主的诉求，以平衡内部治理要素，是大学的治理法。大学章程所具有的外部与内部双层功能，恰恰是高校校规所缺失的，在统合意义上具有高容量特征。目前，我国部属高校已完成了大学章程的建设任务，看重的正是大学章程的统合能力。大学章程作为高校的“宪法”，目前至少涵盖了管办分离、执裁分离、民主管理等有益的权力建构。

“管办分离”的目的是，在外部厘清高校办学者与政府监管者之间的权限，使高校在自身专长的学术领域获得完整的办学权。2011 年教育部发布的《高校章程制定暂行办法》第 5 条明确了这一目的：“高等学校的举办者、主管教育行政部门应当按照政校分开、管办分离的原则，以章程明确界定与学校的关系，明确学校的办学方向与发展原则，落实举办者权利义务，保障学校的办学自主权。”2015 年的《教育部办公厅关于组织申报教育管办评分

① 徐靖.高校校规：司法适用的正当性与适用原则[J].中国法学，2017(5)：91-110.

离改革试点的通知》是对这一问题的深化。“分离”即为“分工”,“分工”其实就是“分权”与“制衡”,落脚点就要回归到法治分权上。

相对外部,“执裁分离”则是针对高校内部的民主治理问题。在内部自主治理体系中,董事会制度探索的一个重要面向就是实现决策与执行的分离。西方大学中的董事会是作为法人的最高权力机构,在治理结构中掌握着决策权,以校长为首的行政职能部门负责贯彻执行。我国高校在内部治理层级中出现了实质性的纵向分权,即学校的治理权力向院系非正式转移,院系组织在事实上掌握了重要的教育决策权力,比如研究生招生的院系自主化。不过,非正式转移暴露的是组织法依据的不足,院系组织在法律上不承担原来属于学校的责任,从而使大学治理责任出现了事实上的虚化,由于缺乏充分的责任约束,院系组织决策和执行的风险进一步加剧[①]。这也进一步说明,内部自主治理需要规则、程序的支撑,需要加快外部权力的内化。

“民主管理”是大学内部治理的底座。在学术领域,学术委员会、学术评定委员会是教师参与民主管理的主要形式。在行政决策领域,教职工代表大会、学生代表大会是在校人员参与民主管理的主要形式。这类民主保障形式在《高等学校章程制定暂行办法》《学校教职工代表大会规定》中已有明确。但这只是法律依据,如何设计治理结构并非易事,至少在决策、执行和监督三个环节都有民主参与,这套治理结构才算优质。

(三)统合的结果:对章程进行落实

“办学自主权”的双面性决定了高校是一个行政权力与自由权利博弈的场所,实现两者的平衡就需要按照各自的秉性区别对待。权力需要秩序规则,而自由需要培育保障,这正是统合所要实现的。按照前述的有益探索,第一步,要实现政府与高校权限明确,使高校取得独立于政府的法律依据;第二步,依据法律对内部治理的权力进行规训,防止权力遁入“私法”;第三步,通过民主机制的设置调动内部治理的积极性,实现法律平等之下的自主,形成特色办学。这就是通过大学章程进行统合的一个大致思路。固然,

① 于安.公立高等学校的依法治理问题:基于公益服务原则的制度性观察和思考[J].华东师范大学学报(教育科学版),2018(2):29-37,153.

大学章程在功能上有能力承担这样的任务,但在事实中,我国的大学章程更像是一种"名义宪法"[①],只具有宣示价值,而缺少"硬法"的强制能力。因此,为完成统合目标,大学章程必须解决两大实践问题:实施途径与违章后果。

第一个是如何实施的问题。这就必须明确章程的法律地位。教育行政主管部门对章程的审核行为已宣示它是一种政府规章的"下位法"。对此,湛中乐教授认为:对外,大学章程是国家法律、法规、规章的"下位法",可比拟其他规范性文件。[②] 然而,这样的定位实际容易与校规混同,会吞噬章程的独立性。作为界定政府与高校权力的一类规范,大学章程理应是法律、法规授权下的规范,在金字塔型的法体系中,效力层级也不应该从属于教育行政管理部门出台的法律规范,如此才可能真正取得防御政府(教育管理部门)侵害的能力。

第二个是违章的法律后果问题。大学章程作为高校的"宪法",它的最高性却没有得到保障。对目前的大学章程文本进行考察,几乎找不到专门的条文就"最高法"的法律效力层次像宪法自身法律地位那样进行详细阐述,再加上我国高校特殊的校情——正处于先有"校规"后有"章程"的阶段,致使大学章程"最高法"的法律效力层次很难在高校实际运行中体现出来。[③] 这就造成目前我国高校事实上只有校规而无章程的尴尬局面。

从短期来看,应该依据章程规定对高校已有的规章制度进行一次全面清理,重点关注规范文件是否有法律依据、与章程是否冲突、文本的实用性、责任与监督等问题,对清理的规章做出详细清单后进行公示,以备全校师生和社会监督。从长期来看,应通过修改和完善决策、学术、民主治理机制,将章程内化为行动中的规则。这就需要一个监督和追责机制。因此,对违反大学章程的行为必须规定其后果与责任,也包括设立一个包容高校内、外部力量的综合性监督主体。当然,所监督和追责的主要对象是依据法律授权

① 林来梵.从宪法规范到规范宪法[M].北京:法律出版社,2001:264-265.

② 湛中乐,徐靖.通过章程的现代大学治理[J].法制与社会发展,2010(3):106-124.

③ 施彦军.依法治校背景下现代高校章程法治化建设:困境、归因及突破——基于福建省部分高校章程文本的分析与思考[J].高校教育管理,2016(3):79-86.

而行使的教育行政管理权力行为。在必要时,还可以借助外部法院的司法审查纠正不合理的权力行为以落实大学章程。

法律是一门平衡工作,庞德(Roscoe Pound)的经验理性价值观和波斯纳(Richard A.Posner)的法律经济分析方法即是平衡艺术的结晶,而博登海默(Edgar Bodenheimer)也说过:“法律被用来调和相互冲突的自由或被用来使自由的价值同社会秩序中相互抵触的目的达成平衡。”①高校作为现代社会最复杂的组织之一,倡导学术自由是其立身之本。但它又并非远离喧嚣的“象牙塔”,必须承担起国家分配的高等教育公共服务任务和社会给予的责任。因此,它注定是一个权力与权利的博弈有机体,在自由与秩序中演绎着碰撞。

权力需要秩序,自由需要保障。二者的统合正是一门法律平衡的艺术。高校“办学自主权”作为一种法律权力(利),必须在法律框架内进行解释,受法律逻辑的制约。反过来,法律也为高校治理提供了可靠途径,至少是一条优选途径。在外部,通过政府与高校分权的法治化,划定政府与高校的教育行政管理权限,为高校独立行使教育管理权提供法律依据;在内部,通过高校“私主体”的刻画,借鉴私法主体的两种能力——平等的权利能力和差异的行为能力,为高校按照学术逻辑的特色治理架起理论桥梁。由此可见,二者都是为了防御政府。高校将外部分权中所获得的法律权力进行内化,选择最适合自己的内部治理方案,为人的发展提供良好的制度环境。这就是高校“办学自主权”的法律要旨。但作为计划经济时代教育体制改革的产物,“办学自主权”不可避免地涉及复杂的政策利益权衡与政治价值判断。我们不能超越法律直接进行政治判断,只能提供一个法律解释框架,完成法律释义的使命。

---

① 博登海默.法理学:法律哲学与法律方法[M].修订版.邓正来,译.北京:中国政法大学出版社,2004:284.

第九讲
“双一流”政策与中国特色现代大学制度的互动

2015 年 10 月，国务院印发《统筹推进世界一流大学和一流学科建设总体方案》（以下简称《总体方案》），明确提出加快建成一批世界一流大学和一流学科（简称“双一流”政策）。2017 年 1 月，教育部、财政部、国家发改委联合发布《统筹推进世界一流大学和一流学科建设实施办法（暂行）》（以下简称《实施办法》），6 月，教育部办公厅向有关高校下发《关于编制世界一流大学和一流学科建设方案的通知》，至此“双一流”建设全面启动。“双一流”政策出台至今，引发了学界和社会的广泛讨论。从诸多方面来看，“双一流”政策可能成为影响未来数十年中国高等教育具体走向的核心政策，它不仅会影响一批高等院校的发展方向和路径，在更深层次意义上，这一政策将对进一步完善中国特色现代大学制度产生深远影响。

一、“双一流”政策与完善中国特色现代大学制度的耦合关系

（一）“双一流”建设的核心特征

与以往重点建设政策有所不同，“双一流”政策以新公共管理理念为指导，更加强调政府分权、高校自主、需求导向和公开竞争，更加强调经济、效率、绩效和社会参与，体现出更加鲜明的市场化取向。

1.确立开放竞争与动态调整的遴选原则

在重点建设政策中，大学和学科重点身份的确立是整个建设过程的起点，这不仅关系到政策的合法性，而且直接影响重点建设的成效。换言之，使用何种遴选方式来确定建设高校或学科反映的是政策所蕴含的价值取向。从整体趋势来看，早期的重点大学遴选多是基于政治和经济利益的考

量,反映的是中央政府单方面的主观意志,高校则处于被动等待和被选择的状态。改革开放之后一直到“双一流”政策出台之前,重点大学遴选的原则“改变了过去一味强调政治原则和意识形态的做法”,开始将学术水平和办学水平作为遴选的主要条件。①

“双一流”政策出台之前的重点大学和重点学科建设主要遵循“特殊主义”原则②,在小范围内择优,能否被识别为“重点”是一种封闭竞争的结果。例如,“985 工程”建设高校就主要是通过政治过程和非公开竞争的方式(指专家非淘汰性审核)确定的③。《实施办法》针对以往重点建设政策中身份固化和竞争缺失的弊病,明确提出“实行总量控制、开放竞争、动态调整”的遴选原则。

2.建立绩效导向的市场型资源配置机制

在长期的重点建设过程中,囿于国家总体财力的不足和集体主义的文化传统,被确定为重点建设的大学或学科能够长期且稳定地获得国家和地方财源的倾斜投入。虽然因高校地位和知识性质的差异,并非所有重点大学和学科都能获得同等力度的支持,但作为一个同质性的群体,与没有进入重点建设序列的高校和学科相比,重点大学和学科均能够从政府获得定额分配的各类额外资源。同时,从整个发展历程来看,改革开放之前的重点大学建设工程中几乎没有绩效评价的理念和行动。改革开放后,尤其是“211工程”和“985 工程”后期,初步引入了绩效评价的理念,但事实上对于入选高校和学科而言依旧享有终身制,政策制定者并没有建立起基于绩效的淘汰和退出机制。④

为打破事实上的终身制,激发高校和学科的内生动力和活力,《总体方案》明确将绩效杠杆作为“双一流”建设的四大基本原则之一,提出“强化绩

① 胡炳仙.改革开放初期我国重点大学政策及其影响[J].高等教育研究,2012(5):90-95.

② 姜尔林.趋同与趋异:全球化背景下高等教育重点建设政策比较——以中国、韩国、日本三国为例[J].清华大学教育研究,2007(3):106-110.

③ 陈学飞.理想导向型的政策制定:“985 工程”政策过程分析[J].北京大学教育评论,2006(1):145-157.

④ 鲍威,陈杰,万蜓婷.我国“985 工程”的运行机制与投入成效分析:基于国际比较与实证研究的视角[J].复旦教育论坛,2016(3):11-18.

效,动态支持”“积极采用第三方评价”,并“根据相关评估评价结果、资金使用管理等情况”奖优惩劣。为真正落实绩效评价,《实施办法》进一步强调根据建设中期和建设期末的评价结果,重新分配资源,特别是对于实施不力、进展缓慢和缺乏实效的建设高校及建设学科提出警示并减小支持力度。这意味着,中国将在“双一流”建设中真正建立市场导向的资源配置模式。①

3.构建多方利益主体参与的治理网络

长期以来,重点建设一直由中央政府发起并主导整个进程。在整个过程中,中央政府作为政策制定者与高校和学科作为政策实施对象双向互动,形成一个从政策制定、实施到评估的稳定的闭合循环,其他利益相关者的参与极为有限,特别是在评估这一关键环节,政府主导的评价结果成为评判高校和学科发展的黄金准则。同样,在学校内部,行政权力主导的内部治理格局限制了教师和学生这两个最为关键的利益相关者的参与。和以往的重点建设政策相比,《总体方案》特别强调社会参与并将其列为“双一流”建设过程中的主要改革任务。

在参与方面,《总体方案》和《实施办法》一方面将内外部利益相关者参与高校治理视为改革的主要突破口,另一方面将高校积极参与国际学术合作和国际规则制定作为提升高等教育国际话语权的主要路径。可以说,“双一流”建设力图突破现有的双向互动的封闭空间,建立起多元互动的、立体式的参与网络。

4.实施以制度建设为核心的综合改革

在赶超性理念的指导下,前期重点建设虽各有侧重,但限于资源短缺和配套政策不完善等诸多因素,总体而言选择的是一种“以点带面,重点突破”的路径,即无论是重点大学建设还是重点学科建设,资源主要投向基础设施或学科平台等条件建设,与之相比,体制机制有所创新,但改革进程明显滞后,相关“制度安排形式大于内容,成效并不明显”②。从重点建设的高校内部来看,高校为了完成各种考核任务几乎无一例外地将政策和资源向高层

---

① 周光礼.“双一流”建设的三重突破:体制、管理与技术[J].大学教育科学,2016(4):4-14,122.

② 胡炳仙.我国重点大学建设的渐进模式[J].高等教育研究,2017(5):26-31.

次人才引进、科研论文发表、课题申请等可以量化的显性指标倾斜，忽略了人才培养这一根本职能以及制度建设这一根本保障。

“双一流”虽然也是重点建设，但与以往重点建设政策的不同之处在于，“双一流”着眼于高等教育系统的长远目标，强化顶层设计，特别突出改革作为动力的基本原则，明确提出深化综合改革的基本要求并列出了聚焦于体制机制的五大改革任务。

（二）完善中国特色现代大学制度是“双一流”建设的内在要求

近20年以来，建立中国特色现代大学制度逐渐从一个理论命题演化为真实的政策议题，2010年国家颁布的纲领性政策文本《国家中长期教育改革和发展规划纲要（2010—2020年）》（以下简称《教育规划纲要》）中明确提出要“完善中国特色现代大学制度”。此后，国家在部分高校推行的试点改革进一步推动了中国特色现代大学制度建设的进程。但随着高等教育改革进入“深水区”，国家政策制度供给不足、高校办学自主权难以全面落实、社会参与有限、教师的学术主体地位还不够独立以及学术组织对学术事务的决策权不彰等深层次的矛盾和问题逐渐凸显。[①] 尽管面临的这些问题纷繁复杂，但归结起来，政府放权、市场介入、大学自主等仍然是进一步完善中国特色现代大学制度的核心议题。[②]

“双一流”建设呈现出的核心特征表明，作为新时期中国高等教育改革和发展的重大战略，“双一流”政策在对高等教育运行机制层面进行改革的同时，进一步突出了高等教育制度建设特别是现代大学制度建设的地位和作用。《总体方案》中明确提出，在“双一流”建设过程中，要“深化高校综合改革，加快中国特色现代大学制度建设”。可以说，如何破解中国特色现代大学制度建设中的上述难题是“双一流”建设中的一项核心任务。“双一流”建设所强调的市场竞争、多元参与、治理网络的建构与体制机制的创新等，与完善中国特色现代大学制度所要求的政府放权、市场介入、大学自主

① 许杰.建设中国特色现代大学制度：成效、问题与对策——基于试点院校的探索实践[J].教育研究，2014(10)：57-64，72.

② 张应强.全球化背景下的我国现代大学制度改革[J].高等教育研究，2013(9)：1-7.

等之间存在内在的逻辑关联。换言之,“双一流”建设与完善中国特色现代大学制度不是分离更不是对立的,“双一流”的改革路径与完善中国特色现代大学制度的改革方向基本一致。总之,完善中国特色现代大学制度恰恰是“双一流”建设的内在要求。

需要指出的是,“双一流”作为高等教育领域中一项大规模的国家层面的公共政策,面对多元和多样的高等教育实践,其实施的效果并不完全取决于政策设计的初衷。可以说,“双一流”政策为完善中国特色现代大学制度提供了难得机遇,但观念、权力和利益的博弈也为完善中国特色现代大学制度带来了新的挑战。

二、“双一流”政策为完善中国特色现代大学制度提供了契机

学术界一般认为,大学与政府的关系、大学与社会的关系以及大学的内部治理结构是中国特色现代大学制度建设的三个基本层面①,这三重关系影响到完善中国特色现代大学制度的方向、空间和深度②。在大学与政府的关系中,切实落实高校办学自主权、增强高校自身统筹发展的能力是完善中国特色现代大学制度的首要要求和实现“双一流”建设目标的根本保障;在大学与社会的关系中,提升市场竞争力和社会参与程度是完善中国特色现代大学制度的基本原则和激发“双一流”建设活力的主要推动力;在大学内部治理结构方面,进一步完善内部治理体系并实现内部治理能力现代化是完善中国特色现代大学制度的核心任务和完成“双一流”建设任务的组织依托。

(一)切实落实高校办学自主权,进一步增强高校自身的统筹发展能力

在新中国成立后的社会主义现代化建设过程中,高校被视为政府的附属行政机构。尽管改革开放之后,诸多政策文本甚至国家法律中都明确要落实和扩大高校办学自主权,但在实践中反复出现“一收就死,一放就乱”的

① 张应强,蒋华林.关于中国特色现代大学制度的理论认识[J].教育研究,2013(11):35-43.

② 苏永建.体制化的技术治理与中国高等教育质量保障[J].高等教育研究,2017(3):10-17.

怪圈。正因为如此,如何处理高校与政府之间的关系成为完善中国特色现代大学制度的首要前提。相应地,落实大学办学自主权自然成为建设和完善中国特色现代大学制度的关键。[①]《实施办法》就政府与高校之间的关系,尤其是在落实高校办学自主权方面,明确要求有关部门要“深化高等教育领域简政放权改革,放管结合优化服务,在考试招生、人事制度、经费管理、学位授权、科研评价等方面切实落实建设高校自主权”。

在一流学科建设的主要方向、基本路径和经费管理方面,《实施办法》指出,建设高校可以自主确定、统筹安排,这为高校结合自身实际统筹一流学科和一流大学建设提供了前所未有的空间,有利于建设高校在“双一流”建设过程中增强自我统筹发展的能力。在这里,高校自我统筹发展能力的增强不仅仅包括争取更多的办学自主权,在更深层意义上,意味着高校应该用好办学自主权,依循学术组织的特性,自力更生,形成依法办学的可持续发展能力。

因此,“双一流”政策文本中的相关表述为进一步调整和理顺高校与政府之间的关系,尤其是为弱化政府在资源配置方面的垄断地位、提升高校自主办学能力提供了一种可能的变革路径。

(二)强化市场竞争和社会参与,提升高校在复杂环境中的应变能力

在当今这个全球竞争日趋激烈的时代,中国高等教育面临前所未有的挑战。一方面,政府不再无条件支持和“庇护”高校,转而希望高校之间通过相互竞争来提升整体的高等教育实力;另一方面,具有多元诉求的利益相关者要求高校办学要更加向社会开放,接受社会问责。但长久以来形成的面向政府办学而非面向社会办学的惯习,使得高校过度依赖于政府[②],缺乏自觉和自主应对复杂环境的意识及能力。

现代大学制度发展和演变过程中的历史经验一再表明,在复杂的环境中提升应变能力不仅是高校在日趋激烈的市场竞争中可持续发展的需要,

① 郭卉.权利诉求与大学治理:中国大学教师利益表达的制度运作[M].青岛:中国海洋大学出版社,2009:1.

② 张应强.我国高等教育改革的反思和再出发[J].深圳大学学报(人文社会科学版),2016(1):140-155.

也是高校与外部利益相关者建立契约关系的基本前提。其中,如何处理好高校与社会之间的关系成为完善中国特色现代大学制度的基础。《总体方案》明确将构建社会参与机制作为“双一流”建设过程中主要的改革任务,提出要“坚持面向社会依法自主办学,加快建立健全社会支持和监督学校发展的长效机制”,期望高校能够回应社会需求,接受社会问责,与社会形成良性互动关系。在高校与社会新型关系的构建方面,《总体方案》要求高校应通过市场竞争和相互合作的方式积极服务于国家重大战略需求和经济社会发展,以此提升自身服务水平,赢得国家与社会的信任。同时,《总体方案》还要求高校要积极吸纳社会力量参与高校治理,提升应变能力和办学水平。更加值得关注的是,与以往相比,“双一流”政策更加重视第三方评估在整个建设过程中的作用,明确指出要“积极引入专门机构对学校的学科、专业、课程等水平和质量进行评估”。因此,从整体上来看,“双一流”政策为进一步拓展和完善中国高校与社会之间的关系提供基本的路径。

(三)完善内部治理体系,推动高校内部治理能力现代化

在政府向高校持续分权以及高校要面向社会依法自主办学的总体趋势下,高校只有通过提高内部治理能力,实现内部治理能力现代化,才能够在竞争和不确定的动荡环境中自我革新、持续发展。同时,实现高校内部治理能力现代化也意味着高校要能够自我约束并有能力向利益相关者负责,这是赢得政府信任的基本条件和完善中国特色现代大学制度的基本要求。从整体上看,中国高校已经建立起大学内部治理的基本架构,但在实践过程中,基层学术组织和普通教师的学术利益表达不畅,降低了大学内部治理的有效性。

针对上述问题,《总体方案》从加强和改进党对高校的领导以及完善内部治理结构两个方面提出了相应的改革任务。在领导和管理体制方面,《总体方案》提出“坚持和完善党委领导下的校长负责制,建立健全党委统一领导、党政分工合作、协调运行的工作机制”。这里所提出的“党政分工合作、协调运行”的机制有利于改变“决策行政一体化”格局,形成决策权、监督权

与执行权分立与制衡的治理构架。① 更为值得关注的是,《总体方案》还首次提出“积极探索师生代表参与学校决策的机制”,打破了传统决策体制的局限性,有利于提升大学治理的合法性和有效性。同时,《总体方案》在推动高校内部治理能力现代化方面将落实大学章程作为重要的改革任务,并将章程视为高校内部治理的基本依据,提出“建立健全高校章程落实机制,加快形成以章程为统领的完善、规范、统一的制度体系”的基本要求。领导与决策体制的完善以及大学章程地位的确立为推动高校内部治理能力现代化奠定了必要的基础。

三、“双一流”政策对完善中国特色现代大学制度提出了挑战

“双一流”作为一项新的重点建设政策,力争实现从行政权力主导的政策范式向市场取向、多元参与的政策范式的转变,为完善中国特色现代大学制度提供了难得的机遇。不过,政府的意志和行动会通过远程控制的方式在“双一流”建设过程中发挥主导作用,从而形成政府向高校分权的假象,给理顺高校与政府之间的关系带来新的挑战。

(一)政府主导下的远程控制:高校与政府间关系的新挑战

在大学完全自治、国家监督和国家控制这三种模式中②,中国政府与大学之间的关系属于第三种。在这种国家控制模式中,政府直接控制了重点建设政策的各个环节,相比而言,“双一流”政策的一大进步就在于政府在向高校分权方面进行了较大程度的变革,希望通过简政放权对政府的行政权力做出必要的限制。

不过,需要注意的是,“双一流”相关政策文本中所体现出来的政府与高校之间关系的调整和理顺并没有排除政府的干预。换言之,这意味着欧美学术语境中的“大学自治”只是完善中国特色现代大学制度的参照框架,而非通用标准。正如许美德所言,自治的概念应用到中国大学中,强调的是采

---

① 周光礼.中国高等教育治理现代化:现状、问题与对策[J].中国高教研究,2014(9):16-25.

② PAN,S.Y. University autonomy, the state, and social change in China [M].Hong Kong:Hong Kong University Press,2009:12.

取主动行动的能力，而不是保护其免受外界尤其是政府的干预。[①]

在这种独特的"大学自治"的话语体系中，一方面，"双一流"建设依旧是一种国家主导下的集体行动，而非高校基于自我判断的、完全自发和自主的行为[②]；另一方面，政府在看似向高校分权的同时，实则通过评估、问责、绩效拨款等诸多手段将权力以隐匿的方式再次集中起来，对建设高校和学科实施多维度的远程控制。因此，如何避免"双一流"成为原有政策的翻版甚至在实施过程中沦为"象征性政策"，关系到中国大学办学自主权的实现程度，并最终影响中国特色现代大学制度建设的基本走向。

（二）市场取向的绩效合法性：高校与社会间的关系面临新的考验

随着国家经济体制的转变，20 世纪 90 年代以来，市场化成为中国高等教育改革的基本价值取向之一。在政府看来，要使高校及其学术人员的行为更有效率和成效，就要为其创设一个竞争环境，并且把奖励与绩效联系起来。换言之，用一个能够提供奖励与惩罚的外部系统来取代那些被认为是不求上进和自私自利的内在动机[③]。

在市场化改革的过程中，中国高校的活力被激发出来，在整个高等教育系统内部逐渐形成了一种具有政治正确意义的绩效合法性。但颇为矛盾的是，在重点建设政策中，长期以来是计划模式而非市场模式起主导作用，这不仅衍生出诸多负面效应，而且使得原有的重点建设政策范式逐渐失去了社会心理基础。

可以说，中国高校在市场化取向的改革实践中存在一种"市场化不足"和"过度市场化"的悖论。如前所述，正是出于应对这些问题的考虑，"双一流"政策通过引入市场竞争机制迫使重点建设高校关注自身的竞争力与绩效，强调高校在重点建设过程中进行自我管理并实现效率，重视清晰的标准与量化表述的可测量表现，以及问责关系的重新建构，运用评估、比较、对目

---

① 许美德，仲宁苏.大学自治和公民社会[M]//卜正民，傅尧乐.国家与社会.张晓涵，译.北京：中央编译出版社，2014：93.

② 阎凤桥.我国高等教育"双一流"建设的制度逻辑分析[J].中国高教研究，2016(11)：46-50.

③ TROW M. Managerialism and the academic profession：The case of England [J].Higher education policy, 1994(7)：11-18.

标达成之评价等手段,阶段性考察具体的建设工作。① 通过市场化的方式回应社会需求和社会问责符合现代大学制度演进的一般趋势,是完善中国特色现代大学制度的必然路径,但在市场取向的绩效合法性的支配下,某些领域的过度市场化则会以“效率崇拜”的方式弱化大学的学术组织特性,扭曲高校与社会之间原本脆弱的契约关系,从而威胁办学自主权和学术责任等现代大学制度的基本要素。②

(三)显性分权中的隐性集权:内部治理能力现代化面临新的难题

高校是一个“底部沉重”的组织,基层学术组织既是高校内部治理体系的基础层级,也是当前高校内部治理体系的薄弱环节③,“双一流”政策针对这一问题专门提出了强化多元参与的改革任务。在有关高校内部治理结构变革方面,《总体方案》列出的完善高校内部治理结构的改革任务主要解决的是学校层级学术委员会的参与和功能发挥以及师生的参与、管理和监督问题。换言之,《总体方案》针对当前高校内部治理有效性不足采取的分权策略依旧属于传统的横向分权范畴,即在学校层面强化学术权力对于行政权力的制约和监督,进一步的学校层面向院系层面的纵向分权问题仍然悬而未决。

即使《总体方案》提出“建立健全高校章程落实机制,加快形成以章程为统领的完善、规范、统一的制度体系”的改革任务核心要求,但研究发现,很多高校的章程聚焦的也是学校层级权力分配问题,而缺少对基层学术组织在高校治理中的明确定位和权力划分。④ 基层学术组织在大学内部治理中的缺位可能进一步强化权力向学校层级和职能部门的集中。

此外,面对“双一流”建设过程中日益激烈的资源和声誉竞争,为了自身的整体利益,高校会进一步集中权力,通过行政介入的方式集中资源和力量

---

① 王丽佳,黎万红,卢乃桂.教育质量保障视域中的问责网络建构:理据、实践与优化进路[J].复旦教育论坛,2014(5):23-28.

② 陈学飞.现代大学制度的“四项基本原则”:基于西方大学的经验[J].探索与争鸣,2013(7):87-90.

③ 张继龙.基于协商民主的学院学术治理改革[J].教育发展研究,2017(5):25-31.

④ 周光礼.实现三大转变,推进中国大学治理现代化[J].教育研究,2015(11):40-42.

应对来自多方利益相关者的考核和问责,完成各种任务、指标,及时处理各种公共事务①,其结果很可能会弱化学术权力,进一步强化行政权力在高校内部治理中的角色,最终导致显性分权中的隐性集权。

总之,纵向分权的不足以及对于绩效和排名的过度追逐可能会强化高校的行政权力,背离学术组织的本性,阻碍内部治理能力现代化的提升,进而延缓完善中国特色现代大学制度的进程。

四、"双一流"政策与完善中国特色现代大学制度的统筹策略

如前所述,"双一流"建设与完善中国特色现代大学制度之间并非孤立的两个系统,而是有着内在的逻辑关联,"双一流"政策之于完善中国特色现代大学制度既是机遇,也可能带来新的挑战。因此,作为研究者,我们在理论上切忌"一边倒"地支持或者批评"双一流"政策;作为管理者,我们在实践中则不能以"一刀切"的方式机械地进行"双一流"建设,实施"双一流"政策与完善中国特色现代大学制度应该统筹推进。

(一)理性认识和评估"双一流"政策的正向和负向效应

作为渐进改革的产物,"双一流"建设继承了前期重点建设的某些特征,又在此基础上有所突破,其强化市场竞争和绩效的政策取向有利于进一步理顺高校与政府之间的关系,增强高校自我统筹发展的能力;有利于扩大社会参与,提升高校在复杂环境中的应变能力;有利于优化高校内部治理结构和体系,推动高校内部治理能力现代化。处理好这三个层面的关系是完善中国特色现代大学制度的根本要求和基本策略。

"双一流"不仅仅是建设一批一流大学和一流学科的"质量工程",也是一种解决实际问题的制度创新。但与此同时,我们应该清醒地认识到,"双一流"并不是针对整个高等教育体系的系统性改革政策,不可能解决完善中国特色现代大学制度过程中的所有难题。政府主导下的远程控制、对于绩效合法性的崇拜以及学校层面行政权力的进一步强化等都可能会导致中国

① 阎光才.现代大学制度的内涵及其构建过程中所面临的困境[J].澳门理工学报(人文社会科学版),2013(3):157-164.

特色现代大学制度建设偏离预定轨道。

对于“双一流”政策之于完善中国特色现代大学制度的影响,我们应秉持科学理性的精神,不过分悲观,更不能夸大其词。由于进入“双一流”建设的高校大都是精英高校,因此这一集体行动的过程具有明显的示范效应,理性认识和评估“双一流”建设的正向效应和负向效应是有效落实“双一流”政策并完善中国特色现代大学制度的理论前提。

(二)建立“双一流”政策实施的配套机制

作为当前中国高等教育领域最重要的公共政策之一,和其他所有公共政策实施一样,“双一流”政策的实施也很难符合理性模式,完全按照政府设计的路线图精密“施工”。多元利益主体在这一场域中的复杂互动必然使得整个建设过程变得高度情境化和复杂化,其结果可能会在一定程度上削弱政策本身所具有的完善中国特色现代大学制度的意图和能力。为了应对可能出现的挑战,在政策实施过程中有必要建立一套灵活有效的配套机制。

首先,建立政府在“双一流”建设过程中的负面权力清单,对政府和高校在建设过程中的权力边界依法进行划分,将政府和高校在建设过程中的重大改革行动纳入法治化轨道①,对政府和高校在建设过程中的成效进行双向评估。事实表明,政府事无巨细的行政干预虽有助于效率的提高和显性目标的达成,但却也因此付出了弱化高校自主行动能力的代价。

其次,发挥市场在资源配置中的积极作用以及强化利益相关者问责的同时,政府也应该推动建立一套保护高校免受市场化过度影响的体制和机制,而不是任由高校直接与市场挂钩②,使得高校摆脱政府直接控制后转而完全被市场“牵着鼻子走”。面对环境的复杂性和不确定性,大学必须以新的方式表现自己,但是,大学仍旧必须是大学,永远根植于科研、教学和学习的教育价值。③

最后,明确基层学术组织在高校内部治理体系中的地位、角色和作用,

① 张应强.关于将高等教育改革纳入法治化轨道的思考[J].江苏高教,2015(6):1-4.

② 黄福涛.大学与政府的关系再审思[J].苏州大学学报(教育科学版),2014(3):3-4.

③ 克拉克.建立创业型大学:组织上转型的途径[M].王承绪,译.北京:人民教育出版社,2003:157-158.

完善教师参与内部治理的渠道、程序和准则，促进行政权力与学术权力的良性互动。教师参与治理并不必然产生良好的结果，但没有教师参与的治理从长远来看必然会结出恶果。

(三)统筹推进"双一流"与中国特色现代大学制度建设

"双一流"政策发布之后，各地政府积极响应，纷纷出台各自的"双一流"方案，希望借助这一新的高等教育战略调整，在地方政府高等教育竞争格局中赢得主动。相关高校也将"双一流"建设视为学校近期的首要任务和重要发展机遇，召开动员大会，整合相关学科，启动相关建设议程。因此，从影响范围的角度来看，"双一流"超过了以往任何重点建设政策，有可能对整个高等教育系统产生深远影响，其中，对中国特色现代大学制度的影响最为根本。

不过，在实践过程中这两者之间并未协同并进，甚至两者之间的内在关联尚未引起学术界的重视。在路径依赖等多重因素的作用下，利益相关者对地方政府相关政策中支持"双一流"建设的资金额度给予了高度关注，而高校则将战略重点放在了高层次人才的引进方面，并由此引发了备受争议的"抢人大战"。因此，从目前来看，资源竞争的逻辑而非制度变革的逻辑主导了这一集体行动。而将"双一流"建设狭隘地理解为资源与人才竞争，弱化了政府推动制度变革与制度创新的政策意图，很可能导致"双一流"成为以往重点建设政策的翻版。

为避免"双一流"建设"新瓶装旧酒"，最大程度发挥其推动制度变革的意图和功能，政府、高校和学术界等均需转变认识，将"双一流"政策与完善中国特色现代大学制度统筹考量，在提升整体高等教育实力的同时进一步推动制度创新，从而提升中国高等教育在国际高等教育体系中的话语权。

第十讲
高等教育强国建设与高等教育公平的互动

改革开放四十多年来,中国高等教育的发展与变革呈现出一幅波澜壮阔的雄伟画卷。这幅画卷不仅描绘出中国高等教育由过去相对落后的整体面貌到如今规模可观的巨大转变,而且展示出中国高等教育从之前强调外延式发展的办学理念到如今倡导内涵式发展的重大变革,更勾勒出新时代背景下我国由高等教育大国迈向高等教育强国的伟大征程。建成高等教育强国,是中国梦在高等教育领域的集中表达。高等教育强国建设是一个集高等教育结构、高等教育质量、高等教育公平、高等教育国际化以及高等教育治理现代化等多重机制协同互动的系统工程①,其中高等教育结构是基本维度,高等教育质量是核心维度,高等教育国际化是标志性维度,高等教育治理现代化是保障性维度,而高等教育公平则是高等教育强国图景中的重要底色、关键维度,其在高等教育强国建设中发挥着隐秘而独特的功能。

高等教育大国的崛起可以通过效率机制在一定时间内实现,并且可以借助效率杠杆来改善公平环境。但高等教育强国建设必须运用公平机制方有实现可能,即利用公平杠杆来推动效率提升,重启高等教育改革的动力。就此而言,效率机制在新时代高等教育中固然不可忽视,但公平机制更不可缺场。正如习近平总书记在党的十九大报告中强调"努力让每个孩子都能享有公平而有质量的教育",在党的二十大报告中强调"坚持以人民为中心发展教育,加快建设高质量教育体系,发展素质教育,促进教育公平"。即公平正义是中国特色社会主义的内在要求,在建设高等教育强国的进程之中

① 解德渤.高等教育强国建设需要什么样的高等教育公平[J].高等教育研究,2019(5):26-28,19.

发挥着与众不同、无可替代的功用。

作为人类共同的价值追求,公平是真、善、美的辩证统一。① 教育公平是体现社会真、善、美的核心主题。高等教育公平是公平议题在高等教育领域的一种映射,也是一个缩影。高等教育公平是一个异常复杂的研究议题,也是一个相当现实的实践命题。它牵涉诸多深刻的理论问题,也包含诸多繁杂的教育现象,甚至与社会、政治、经济、文化等因素都具有千丝万缕的关系。就内在逻辑而言,高等教育公平是建设高等教育强国的一个重要的理论观测点,也是一个大有可为的实践突破点。需要注意的是,穷尽高等教育领域中的不公平现象是不现实的,也是不明智的。因此,我们可以构建分析高等教育公平的理论框架。在此基础上,从实践层面进行追问:高等教育强国建设究竟需要什么样的高等教育公平?公平视域下高等教育强国建设的行动方略究竟是什么?也就是说,本讲主要从内在逻辑、理论框架、实践诉求以及行动方略四个方面对公平视野下的高等教育强国建设进行深层分析与系统解答。

一、高等教育强国与高等教育公平的内在逻辑

高等教育强国与高等教育公平之间究竟是什么关系?这是学术界必须正面解答的重大理论问题。应该说,建设高等教育强国是新时代中国高等教育发展与变革的最强音,我们需要从世界坐标、中国语境、未来时空与时代意涵等多个维度进行全面把握,而其中包含的高等教育公平诉求不容回避,高等教育公平作为高等教育强国的重要标志毋庸置疑。反过来说,高等教育公平内在蕴含着高等教育强国的重要元素,是高等教育强国建设的有力工具与重要内容,其对实现高等教育强国梦想具有无可替代的独特作用。

(一)高等教育强国建设饱含公平诉求

我们必须将高等教育强国建设置于世界坐标之中加以评判。高等教育强国不是自我标榜的,它需要得到世界的广泛认可。但这种国际认可不是

① 程天君.以人为核心评估域:新教育公平理论的基石——兼论新时期教育公平的转型[J].华东师范大学学报(教育科学版),2019(1):116-123,169-170.

简单地通过世界大学排行榜的位次、进阶、规模等指标来体现,也不是单凭发表 SCI、SSCI 期刊论文等就能够得到广泛的国际声誉。高等教育强国背后饱含的是一种公平的诉求、一种公正的价值,其对一切有失公允的行径都秉持怀疑、批判的态度。

我们必须将高等教育强国建设置于中国语境之下进行探索。高等教育强国不是自我吹嘘的,它需要得到广大人民群众的心理认同。我国建设的高等教育强国不可能是其他任何国家模式或语境下的高教强国,而理应是"植根于中国历史、中国文化、中国国情"[①]内生出来的高教强国,是"坚持扎根中国大地办教育"的高教强国。易言之,当前我国建设高等教育强国必须坚持中国特色、坚定中国道路、诉说中国故事、形成中国模式,从而在国际舞台上获取制度性话语权[②],否则只能跟随西方发达国家亦步亦趋。这是增强人民群众自尊心、自豪感,从而获得心理认同的重要途径。更为重要的是,如果国家能够承诺并保障"让每一位学生不因家庭经济困难而失学""让每一位学生都发自内心地学习"[③]"让每一位接受高等教育的学生获得自由而充分的发展",那么这个国家无疑是高等教育强国。这才是在高等教育领域赢得广大人民群众认同、尊重乃至信仰的根本路径。这是公平力量在高等教育强国建设中的直观表征。

我们必须将高等教育强国建设置于未来时空之中加以考量。我们理应着眼于未来 50 年乃至 100 年的复杂世界来建设高等教育强国,理应运用新理念、新思维、新制度、新方法、新技术等对其进行审慎思考,而绝不能运用陈俗老套的东西去思索、应对未来世界的严峻挑战,否则由此产生的眼下与未来之间的"时间鸿沟"难以弥合,由此造成的理念与实践之间的"撕裂难题"无法想象,由此引发的制度与人性之中的"正义诘难"也将不绝于耳。也就是说,如今我国正在大力建设的高等教育强国必须为中国未来负责、为教育实践负责、为子孙后代负责、为良善人性负责。显然,这是在高等教育强国建设背景下更具广阔意义与深层意蕴的公平观念与公平行动。

① 周远清.走中国特色之路 建高等教育强国[J].中国高等教育,2017(19):1。
② 周倩.制度性话语权视角下高等教育强国建设的路径选择[J].教育研究,2017(7):92-100.
③ 解德渤."重塑教学":信息化时代对大学教学的颠覆与重构[J].江苏高教,2018(3):37-41.

我们必须将高等教育强国建设置于时代意涵之中加以思考。[①] 高等教育强国是新时代赋予中国的伟大使命，不仅应该表征为中国在世界舞台上迈向新征程的宏伟实践，而且理应耦合于党和国家积极推动本国高等教育可持续发展的战略行动之中。就前者而言，“人类命运共同体”理念是我国为世界和平发展所贡献的中国智慧，这一创见性理念对高等教育的重大启发恰恰在于一种世界正义论。就后者而言，我国在高等教育领域陆续推出的“211 工程”“985 工程”以及“双一流”等重点建设工程都是深植于效率原则而做出的重大战略抉择。这种“先富带后富”的建设思路在某种意义上具有一定的合法性，也取得了较大的建设成效。但是，这对非重点建设之列的其他院校的发展似乎带来了直接或间接、显性或隐性的伤害，日益加剧的“马太效应”与“虹吸效应”使得一些地方本科院校和高职院校的发展显得步履维艰。这就意味着，高等教育强国建设绝对不是单靠几所顶尖研究型大学支撑起来的，而是在满足人民日益增长的多元化教育需求的基础上内生出来的，是在为增进世界人民福祉而积极贡献中国智慧、提供中国方案的过程中逐渐崛起的。

(二)高等教育公平蕴含强国梦想

如上所言，高等教育强国建设饱含强烈的公平诉求。但我们必须清醒地认识到，高等教育公平理念的贯彻与实施并不必然导致高等教育强国，故高等教育公平是高等教育强国的必要非充分条件，即高等教育公平行动永远在路上。正因如此，高等教育公平是一个世界普遍的实践难题，也是一个常提常新的时代议题。我们需要正视高等教育公平难题，也要看到世界上许多国家在高等教育公平方面所做出的持续性努力。

美国对高等教育公平的认识一直存有争议，最初对高等教育公平的认识包含“隔离但平等”(separate but equal)的原则，这种违背实质公平的原则直到 1954 年美国联邦最高法院在“布朗诉教育委员会案”中才被推翻。[②]

---

① 邬大光，赵婷婷，李枭鹰，等.高等教育强国的内涵、本质与基本特征[J].中国高教研究，2010(1):4-10.

② 赵鑫.论高等教育公平的法律保障：以美国为例[J].外国教育研究，2012(10):88-95.

1964年,美国联邦政府颁布《平权法案》,在平权运动的浩荡声援下,维护少数族群利益的"肯定性行动计划"(affirmative action programs)得到众多高校的支持。尽管该计划在20世纪80年代到90年代末面临较大的反歧视声浪质疑,但其在最近的十余年间因受到多元文化主义的影响而呈现出复归态势。① 应该说,这种以"歧视"与"反歧视"为典型表征形式的高等教育公平问题始终困扰着美国,从而美国始终在增加高等教育入学机会、提高相关信息透明度、抑制高校学费上涨以及改善高等教育资助方案等方面做出持续努力。

当前,德国所面临的高等教育公平问题同样非常严峻。2013年的《德国大学生社会现状调查报告》显示,德国高校本土学生中,约77%的大学生来自父母上过大学的白领家庭,父母没有上过大学的工人子弟大学生占总数的23%左右。德国教育经济学家提莫曼教授不无感慨,德国人受教育程度严重依赖家庭出身,这种状况令人担忧。② 由此来看,历史上创造"洪堡神话"的德国高等教育在今天重回世界之巅的道路任重道远,高等教育强国梦想在高等教育公平问题上遭遇诸多掣肘。

相比于德国联邦政府的"消极行动",澳大利亚联邦政府积极制定的系统的高等教育公平战略实施框架则令人肃然起敬。1988年发布《高等教育:政策陈述》白皮书、1990年发布《所有人的公平机会》报告、1996年发布《公平、多样化和卓越:全国高等教育公平框架》评估报告、2003年发布《我们的大学:澳大利亚未来的支撑》报告、2004年发布《高等教育公平群体分析(1991—2002)》评估报告等③,这一系列分析报告的核心都是指向"公平群体"。这些报告所言的"公平群体"主要包括贫困群体、女性群体、少数民族群体、无英语语言背景群体、残疾人群体、农村和偏远地区群体等。这说明高等教育公平问题在澳大利亚的严峻性与重要性,而持续出台的高等教

① 张圆,喻涛.论美国肯定性行动的积极作用及未来走向[J].兰州学刊,2013(7):201-203.

② 中国驻德国大使馆教育处.德国调查报告显示高等教育公平仍面临严峻挑战[J].世界教育信息,2013(17):73.

③ 黄艳霞.澳大利亚高等教育公平政策框架简述[J].国家教育行政学院学报,2010(7):91-95.

育公平政策为“建立一个更加强大和公平的澳大利亚”①奠定了坚实的制度基础。

美国高等教育公平难题的核心在于“种族问题”，德国高等教育公平难题的根本在于“阶层问题”，而澳大利亚高等教育公平难题的关键则在于“公平群体”。从美国、德国与澳大利亚的事例中，我们发现：高等教育公平是高等教育强国建设的重要内容，也是高等教育强国建设的有力工具。如果我们能够牢牢抓住、妥善处理，增进高等教育公平将会加快高等教育强国的建设进程、获得并巩固高等教育强国的民众基础。当前，我国面临的高等教育公平问题是多方面的，表现形式也是多种多样的，但归根结底是由“制度伦理”所引发的高等教育公平拷问。从这个意义上说，不同国家所面临的公平难题是不同的，解决思路也应该有所殊异，但高等教育公平对高等教育强国建设乃至整个社会的和谐与稳定所发挥的作用不容忽视、无可替代，所以高等教育公平的时代价值需要被重新评估、需要被高度重视。良好的公平机制可以促进效率提升，但效率提升并不必然增进社会公平，这是我们必须正视和重视的公平的独特价值。

由此来说，高等教育强国与高等教育公平的内在逻辑关系表现为四点：其一，高等教育公平是高等教育强国建设的典型标志；其二，高等教育公平是高等教育强国建设的有力工具；其三，高等教育公平是高等教育强国建设的重要内容；其四，高等教育公平在高等教育强国建设中发挥独特功用。

二、高等教育公平“九宫格”的理论框架

为了更好地从理论层面认识高等教育公平，我们有必要对其进行结构化解剖、类型化抽象，从而构建一个具有较强解释力的分析框架，进而为高等教育强国建设提供理论镜鉴。

西方世界的“人人生而平等”的思想与我国文化中“不患寡而患不均”的传统都是一种最朴素的且为人们广泛接受的公平观念，从而平等原则成为表征公平的最初含义。但是，直觉主义的平等抑或简单的平均主义都会

① 栾锦红，梁红蕾.桎梏与求索：新世纪澳大利亚高等教育公平问题透析——澳大利亚高等教育公平问题研究综述[J]现代教育管理，2013(7)：121-124.

将赋予平等的“机会公平”含义引向一个谬误的深渊。因为不顾实际的“削峰填谷”做法将会严重挫伤优秀群体的积极性，而“规则就是如此”的说辞也很可能会剥夺弱势群体的机会，这实际上都是“以公平的名义”伤害公平的实质，所以“差别原则”是公平的应有之义。需要注意的是，每个主体对公平的基本认知，大多基于自身偏好而做出的价值判断，即属于理性选择的基本范畴。倘若主体自由选择的空间异常褊狭或者别无选择，那么这样的公平无非就是一种自我标榜的公平，并不能从根本上满足主体的基本诉求，是故“自由原则”为公平的至高境界。如此来说，“平等原则”“差别原则”和“自由原则”是衡量公平的三个空间向度。① 在学术界的一个基本共识就是，“起点公平”“过程公平”以及“结果公平”是评判公平的三个时间节点。就此而言，公平的三个空间向度与三个时间节点对我们深入分析高等教育公平具有重要的启发意义。

如此而言，“高等教育公平”不是一个简单、具体的概念，而是一个复杂、完整且有序的概念体系。进一步说，高等教育公平是以平等原则为基础，向差别原则和自由原则横向延展而形成的维度 X 轴概念体系。高等教育公平是以起点公平为前提，向过程公平和结果公平纵向延伸而形成的阶段 Y 轴概念体系。如此一来，我们可以构建出高等教育公平的坐标系，即“九宫格”分析框架，如图 10-1 所示。

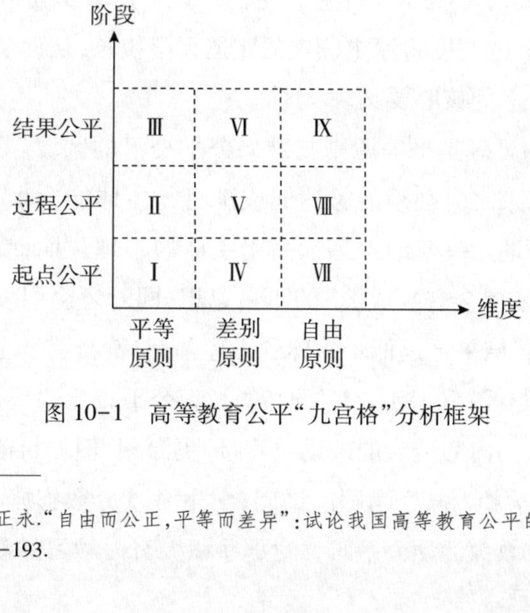

图 10-1 高等教育公平“九宫格”分析框架

① 王宜鹏，尚正永.“自由而公正，平等而差异”：试论我国高等教育公平的四大原则[J].学术交流，2011(10)：190-193.

在此，需要澄清三点：第一，“九宫格”之间是虚线间隔并非实线间隔，这是因为不同区域虽有不同但非泾渭分明；第二，不同区域体现为不同的高等教育公平意涵；第三，正义因素在高等教育公平“九宫格”之中隐匿地发挥着作用，且是评判与衡量高等教育实质公平的最高法则。

“九宫格”的Ⅰ区是平等原则与起点公平交汇的区域。这是对高等教育公平最基本的理解，也是全社会必须予以保障的最起码的公平。如果这道公平底线被洞穿，那么人们对高等教育的一切梦想都将被彻底击碎，高等教育强国的建设工程就会幻化为一座海市蜃楼。例如，“职称晋升标准人人平等”在教师那里就是一种起点公平，而“高考分数面前人人平等”在学生那里则体现为高等教育入学机会的公平。

“九宫格”的Ⅱ区是平等原则与过程公平交汇的区域。这就意味着，我们在教育活动运行过程之中必须能够为相应主体提供一视同仁的发展机遇，绝不允许“抄近道”或者“绕弯路”的行为发生。与“起跑线”上的高等教育公平相比，“跑程中”的高等教育公平问题往往被人们忽视。这既与监督主体的监管不力有一定关联，又与因信息不对称而造成的监管盲区有莫大关联，归根结底是制度正义问题。例如，某重点高校最新规定，“晋升副高职称必须具有至少一年担任本科生班主任的经历”，孰料有些院系只有研究生而没有本科生，又何来担任本科生班主任一说？这看似是职称晋升标准人人平等，但不正义的制度将原本确定的跑道无限拉长，从而从根本上违背了高等教育过程公平的核心要义。

“九宫格”的Ⅲ区是平等原则与结果公平交汇的区域。这就意味着，我们在教育活动结束之时必须能够达成或满足与主体能力水平、努力程度大致相当的结果预期。倘若结果远远高于主体的心理预期，就很可能会使主体滋生“不努力依然会有好成绩”的不良思想，同时还会引发其他主体强烈的不公平感；如若结果远远低于主体的心理预期，就会引发主体对结果公平的质疑。与“起跑线”和“跑程中”的高等教育公平相比，“终点线”的高等教育公平问题对人们内心造成的波动更直接、更深刻，例如目前在许多大学中颇为流行的“教学相‘涨’”问题。试问，学生考试分数膨胀、教师评价分数虚高对整个高等教育活动公平吗？对那些积极努力学习的学生公平吗？对那些兢兢业业从事教学工作的教师公平吗？这个问题的答案是显而易见的。

“九宫格”的Ⅳ区是差别原则与起点公平交汇的区域。一味强调平等而忽视差异的公平，无非是一种形式上的公平。实事求是地说，高等教育起点公平由平等原则向差异原则的延伸意味着对特殊群体的一种优待，其中既包括对精英群体的照顾，也包括对弱势群体的扶持。例如，少数民族加分政策、农村专项招生计划、贫困大学生资助政策、民办院校分类管理以及给予中西部高校更多的政策倾斜等均属于对弱势群体在起点公平上的一种政策性补偿。再如，中学校长实名推荐制是为缓解“一考定终身”的制度弊端对优秀人才的埋没问题而出现的一种自主招生政策，许多高校纷纷成立的精英学院也恰恰是为精英群体特别打造出的一片“试验田”，其初衷都是在高等教育起点阶段贯彻差别公平的观念。颇为吊诡的是，上述公平导向的高等教育实践依然会遭到巨大的公平质疑，即公平永远在路上，它是一个永恒命题。

“九宫格”的Ⅴ区是差别原则与过程公平交汇的区域。这就意味着，我们在教育活动运行过程之中必须能够为特殊群体提供各适其材的发展机遇，即通过贯彻“补偿性公平”“替代性公平”“内适性公平”的理念来维系过程性公平。尤其值得思考的是，我们应该采取何种具体措施来促进弱势群体获得较为充分的发展，以增进其高等教育公平感。例如，高校对口支援计划对西部高校的教育教学质量提升有着莫大帮助，这就是在高等教育过程公平中坚持差别原则、贯彻“补偿性公平”的一个鲜活实例。另外，目前不少民办高校由于生源问题而面临办学经费紧张的窘境，在这种情形之下，我们能否贯彻“替代性公平”的理念予以其政策上的倾斜与支持？再如，教师在教学过程中积极开展因材施教，利用课余时间为学生补习功课或答疑解惑，这就是一种“内适性公平”。

“九宫格”的Ⅵ区是差别原则与结果公平交汇的区域。这就意味着，我们在教育活动结束之时必须能够满足不同群体对教育结果的公正诉求，尤其需要关注弱势群体在高等教育结果上是否获得公正待遇。例如，第四轮学科评估令不同类型的高校进行“同台竞技”而得出的评估结果是有失公允的，这在高等教育结果公平上确实违背了差异原则。反过来说，下一轮学科评估理应为不同类型高校提供不同的赛道，如此方能赛出水平、赛出风格。

“九宫格”的Ⅶ区是自由原则与起点公平交汇的区域。这就意味着，我们在教育活动运行之初就必须为不同主体提供多种选项，从而赋予主体更多自由选择的权利与能力。假如主体只能接受业已规定的唯一选择、补偿或替代方案的话，那么这种高等教育公平必然为人诟病。因为丧失选择余地很可能就是对主体偏好的抹杀，多种选择至少为主体自由选择、自由发展提供了发展的选项与可能。准大学生填报高考志愿的自由（如“平行志愿”的出现）、大学生选择专业的自由就属于在高等教育起点公平中坚守自由原则的典型例子。

“九宫格”的Ⅷ区是自由原则与过程公平交汇的区域。这就意味着，我们在教育活动运行过程之中必须能够为不同主体积极创造自由发展的有利环境。例如，大学生选择课程的自由、转专业的自由，不同学校之间的学分互认、不同活动之间的学分抵扣，积极开展大学创新教学活动等都属于该公平范畴。大学教师应该拥有从事自己所擅长的本职工作的权利，而不应该从制度层面将其刻意想象成一个“全能斗士”——既要从事高质量的教学工作，又要发表高水平的学术论文，还要申请高级别的科研项目。尤其在职称评审和考核评价之时，这些统一的、刚性的标准将会挫伤教师的积极性，甚至将一些优秀教师硬生生变成“后进师”，该问题在青年教师身上体现得尤为明显。因此，与平等原则所表征的“外适性公平”和差异原则所蕴含的“内适性公平”相比，高等教育公平自由原则所氤氲的“个适性公平”气息更加浓郁。

“九宫格”的Ⅸ区是自由原则与结果公平交汇的区域。这就意味着，我们在教育活动结束之后必须能够达成或者满足不同主体的多元诉求。例如，大学生从统一分配到自主择业的转变，就是贯彻高等教育公平自由原则的重要体现。但不容忽视的是，如今社会上流行的“拼爹现象”对高等教育结果公平产生了较大影响。它是家庭资本对高等教育平等原则的一种“非主观恶意”的破坏，我们对此应该予以警惕。除此之外，近年来各级政府部门通过“管办评分离”、“放管服”改革旨在推动高校办学自主权的权力归位、重心下移,这背后渗透着高等教育公平所强调的自由原则,高校内部的学科专业动态调整机制就是其中的典型事例。

以上就是我们构建高等教育公平"九宫格"分析框架的基本理论求索,其在结构上既包括"起点—过程—结果"的阶段性划分,又具有"平等—差别—自由"的向度式区分。需要说明的是,"九宫格"分析框架的灵魂在于制度正义,核心在于公心善治,其落脚点在于公共理性。就功能而言,该框架既适用于高等教育公平问题的剖析,对分析一般的社会公平问题也具有重大启发意义。高等教育公平"九宫格"分析框架不仅实现了制度伦理层面、在深度意义上的内部拓展,而且实现了适用范围层面、在广度意义的外部拓展,从而在结构框架基础之上获得了更为广阔的拓展空间。

三、高等教育强国建设需要什么样的高等教育公平

高等教育公平"九宫格"分析框架可以从理论层面告诉我们:高等教育公平的理想图景是什么样子?但落实到高等教育实践层面,结合高等教育强国建设的时代背景,我们必须将该理论命题转述为一个更加契合实际、更能指导工作的实践命题,即高等教育强国建设究竟需要什么样的高等教育公平?言外之意就是,我们为增进高等教育公平而努力的总体方向或大致路径在哪里?在此,我们聚焦"有底线""有差别""有尊严""有选择""有质量"的高等教育公平进行论述。

(一)"有底线"的高等教育公平

高等教育公平与否是通过公平感的比较而做出的一种价值判断。如果公平感得到满足,则主体内心趋于平衡,否则就会感受到一种相对剥夺感,因内心秩序失衡而引发的各种问题也就在所难免。"公平感"主要是一个相对量的概念,但它首先具有绝对量的含义,即为"公平底线"。具体来说,"有底线"的高等教育公平是国家必须介入并予以保障的最起码的公平,一种面向并满足绝大多数人基本高等教育需求的"普惠性公平"。显然,这种"公平底线"呼唤以正义为前提的制度或规则加以维系,否则"公平底线"的洞穿或丧失对教育公平、社会公平乃至社会稳定都将造成极大的威胁。

这就要求我们站在“制度伦理”“制度正义”的立场上检视高等教育领域中的通行制度或规则,对有违“公平底线”基本精神的相关制度与规则必须加以调整或废除。譬如,地方高水平大学与中央部属高校在资源配置(如经费划拨、学科评审、工程建设等)的“基准”上存在较大差距,民办院校与公办院校在基础公平问题上同样形成鲜明对照,区域高等教育资源配置不均衡问题也日益暴露出“基准公平”问题,由此而形成的办学格局固化现象值得深思。高校招生腐败问题则是对高等教育“公平底线”最致命的打击。不夸张地说,如果公平底线被击穿,那么高等教育体系很难称之为高质量,这也必将给高等教育强国建设带来隐患。

(二)“有差别”的高等教育公平

如果说“有底线”的高等教育公平是一种“基准公平”,那么“有差别”的高等教育公平则是在合理范围内对“基准公平”的适度偏离,“让一部分主体先发展起来”和“让弱势群体沐浴教育正义的阳光”都是对这种公平的侧面写照。国家重点建设工程、学校组建精英学院、教师破格晋升职称、学生破格录取等都属于面向精英群体的“有差别”高等教育公平。少数民族加分政策、农村专项招生、资助贫困大学生、中西部地区高等教育政策倾斜等都属于面向弱势群体的“有差别”高等教育公平。值得一提的是,目前我国已经形成包括国家奖助学金、国家助学贷款、勤工助学金、学费补偿贷款代偿(基层就业、应征入伍)、学费减免(从“免费师范生”到“公费师范生”)等多种形式在内的高等教育学生资助政策体系,“让每一个学生不因家庭经济困难而失学”的目标基本实现。

“有差别”的高等教育公平是对“基准公平”的一种制度性矫正或调节,它一定是在各方利益群体可以接受的合理范围之内,一旦“矫枉过正”必然会引发新一轮高等教育公平质疑声浪。笔者曾调研过一所地方本科院校的精英学院,它就面临着来自其他院系师生诸多公平问题的声讨,如优惠政策倾斜、充足经费支持、先进硬件设施、优先师资配备、诱人的奖学金以及境外访学基金等,这些公平质疑始终伴随并困扰着该精英学院的发展。这说明,“有差别”的高等教育公平要求我们必须合理把握对“基准公平”的“偏离度”,否则“公平导向”的行动反而会引发高等教育不公平。

(三)“有尊严”的高等教育公平

“有尊严”的高等教育公平是我们在贯彻“基准公平”“差别公平”的过程中必须毫不动摇地坚持的价值取向,即高等教育公平行动需要在心理自尊的关照之下进行程序合法性或方式正当性审查。但是,这一点在现实中常常被人们忽视甚至漠视。例如:给贫困大学生发放奖助学金不失为体现高等教育公平的做法,但一些学校、院系、班级通过“比穷”“比惨”的方式来认定贫困资格的操作方式让人寒心。其造成的后果就是,要么“贫困生”的标签将学生的自尊压得喘不过气,要么贫困生干脆放弃认定资格以保留自己的一丝自尊。我们经常说“扶贫必先扶智”,但“扶贫更要扶志”。显然,这种做法从根本上并不符合高等教育公平的基本精神。这就说明,我们应该尽量消除高等教育过程中可能出现的各种歧视现象,坚决反对各种以道德名义进行道德伤害的恶行。

与此同时,我们也应该警惕各种可能的反歧视风险所带来的“尊严扫地”“斯文扫地”问题。譬如:某重点高校规定一位教师全年的基本工作量为 1 680 个,学术论文发表在普通期刊上每篇折算 80 个工作量,学术论文发表在核心期刊乃至权威期刊上每篇统统折算 100 个工作量。这种规定看似既遵守了“基准公平”,又兼顾到“差别公平”,但实际上等于变相纵容并且怂恿教师发表“垃圾文章”。显然,这是由不正义制度所导致的对优秀教师的“逆向淘汰”。因此,“有尊严”的高等教育公平要求我们必须正视并尽量矫正各种“歧视”和“反歧视”问题。这是高等教育强国建设中最直击人心的板块,能否解决与解决成效直接影响其建设进程。

(四)“有选择”的高等教育公平

“有选择”的高等教育公平是高等教育大众化与普及化时代的强烈呼唤。2023 年 7 月,教育部发布的《2022 年全国教育事业发展统计公报》显示,我国高等教育毛入学率达到 59.6%,迈进高等教育普及化的行列。可以说,高等教育普及化时代的快速到来,对我国高等教育提出了新挑战,对高等教育公平提出了前所未有的新要求,对我国建设高等教育强国也提出了必须正面解答的新课题。从学理上讲,高等教育普及化的深层意味是多元化、差异化、个性化。“有选择”的高等教育公平要求我们在高等教育活动中设计出相对合理而多样的方案,在尊重差异的基础上,赋予主体充分、自由选择的权利。

我们应该给不同高校、不同教师、不同学生提供不同的发展选项,毕竟只有唯一选项的公平不是真正意义上的公平。譬如:在学科评估中为不同类型高校设计不同的赛道、赛制,高校有权选择并探索适合自己发展的道路;在考核评价上为不同教师提供多元发展机遇、设计相关替代方案,教师根据自己的优势自主选择专业发展道路;为不同学生提供多样的课程模块、打造立体的发展空间,让学生在自主探索中享有自主发展、自我成长的乐趣。直白地说,“萝卜青菜,各有所爱”,若让食素者吃肉、让嗜肉者吃素,这对双方而言都是不公平的,将主观意志有意或无意地强加于他人都是有违公平实质的。从这个角度而言,“有选择”的高等教育公平在高等教育强国建设之路上体现为一种“有容乃大”“有容乃强”的至高境界。

(五)“有质量”的高等教育公平

“有质量”的高等教育公平表达的是高等教育强国建设道路上的一种伦理诉求,是对正义价值的一种终极追求。然而,我们在现实中目睹了一些“低质量”的高等教育公平事例。笔者了解到,某“211 工程”高校在保送研究生问题上,决定优秀学生究竟是“内保”(保送本校)还是“外保”(保送中国科学院或“985 工程”高校)之时,院系领导竟宣称“为公平起见”采取“抓阄”的方式进行。在一些高校还出现了更加令人愤慨的现象:国家专项资助贫困大学生的奖助学金竟然也“为公平起见”而被全班同学平分。当然,在现实中还有一种更加普遍的决策方式:“为公平起见,投票决定。”例如:某重点高校打算从国外引进一个知名生物科研团队,但在学院的学术委员会上投票就是无法通过,这种“逆淘汰机制”不得不让我们对习以为常的“公平做法”警惕起来。

也就是说,通过“抓阄”“均分”“投票”等方式试图解决利益冲突的做法是无奈之举,其背后映射出的很可能是“无质量”或“低质量”的高等教育公平。即上述做法并没有从制度层面做出应有的努力,从而这种高等教育公平只能是一种虚假的公平。因此,“有质量”的高等教育公平表明,公平具有层次之分,我们理应从制度伦理的角度思考并推进高等教育公平,进而为高等教育强国建设注入一针“强心剂”。

由此来说,“有底线”的高等教育公平解决的是“基准公平”问题,它是高等教育强国建设的必经之路;“有差别”的高等教育公平强调的是在“基准公平”基础上的“适度偏离”,它是高等教育强国建设的现实道路;“有尊严”的高等教育公平强调的是在“适度偏离”过程中操作方式的正当性,它是高等教育强国建设道路上的人性追问;“有选择”的高等教育公平推崇的是“多元个性”,它是高等教育强国建设的时代路标;“有质量”的高等教育公平是对“制度正义”的拷问,它是高等教育强国建设之路的伦理诉求。这样,高等教育公平的理想图景在高等教育强国建设的宏伟征程中才能逐步照进现实。

四、公平视域下高等教育强国建设的行动方略

(一)确立高等教育领域中特定的“公平群体”

人人都享有沐浴公平正义阳光的权利,但由性别、地域、民族、政策等种种原因而产生的高等教育公平问题始终困扰着不同群体,是故我们在实践层面有必要确立高等教育领域中特定的“公平群体”,着力解决不同群体所面临的多元化诉求。如前所述,澳大利亚确立了以保障弱势、强调主体为基本特征的六大“公平群体”。对我国而言,我们需要同时构建起面向“精英—弱势”和“主体—组织”的公平群体。首先,我们需要对那些农村地区居民、少数民族地区居民、女性群体、残疾人群体等“弱势个体”给予最起码的基准公平与适度的公平倾斜;其次,我们需要对那些优秀学生、卓越教师以及顶尖研究者等“精英个体”给予充分的自由发展空间,他们的发展程度是衡量高等教育强国建设成效的重要指标;再次,我们需要对那些重点院校、重点学科等“精英组织”给予相对宽松的政策环境,它们的发展程度直接关乎高等教育强国建设究竟可以走多快;最后,我们需要对民办院校、地方

院校、职业院校以及非重点学科等“弱势组织”给予相应的尊重理解与政策支持,对待“弱势群体”的态度拷问的是高等教育的良心,它关乎高等教育强国建设究竟可以走多远。

(二)识别高等教育领域中重大的“公平问题”

当前,我国在高等教育领域所面临的公平问题纷繁复杂,我们需要认真识别并有针对性地予以回应。归结起来,主要包括以下五点:第一,“洞穿底线”的公平问题。高校招生腐败问题是对高等教育公平底线最致命的打击,从而成为当前质疑声音最大的公平问题。即“有底线”的高等教育公平是国家必须介入的最起码的公平,必须予以保障。第二,“缺少差别”的公平问题。“人人平等”经常会成为回避高等教育公平难题的托词,从而“精英淘汰”与“弱势无望”的现象时有发生。即“有差别”的高等教育公平是在合理范围内对基准公平的适度偏离,必须予以倾斜。第三,“丧失尊严”的公平问题。譬如一些学校、院系、班级通过“比穷”的方式来认定贫困资格的操作方式让人寒心。即“有尊严”的高等教育公平要求我们审慎判明各种歧视和反歧视问题,必须予以矫正。第四,“刚性选择”的公平问题。只有唯一选项的公平不是真正意义上的公平。即“有选择”的高等教育公平是一种有容乃大的至高境界,必须加以设计。第五,“质量不高”的公平问题。“抓阄”“均分”“投票”等映射出的很可能是“无质量”或“低质量”的高等教育公平。即“有质量”的高等教育公平表达的是对正义价值的终极追求,必须加以考量。由此来说,高等教育公平在高等教育强国的建设道路之中具有五种价值取向与行动选择。①

(三)警惕高等教育领域中现实的“公平悖论”

目前,我们在高等教育领域可能面临着由高等教育普及化、高等教育信息化以及高等教育制度伦理所带来的三大“公平悖论”,即在某一个关于公平的命题或推理中隐含着两个对立的结论。第一,推进高等教育普及化是

---

① 解德渤.高等教育强国建设需要什么样的高等教育公平[J].高等教育研究,2019(5):26-28.

建成高等教育强国的必由之路[①],但高等教育普及化是否真正推动了高等教育公平呢?[②] 这个问题回答起来并不容易,因其思考视角具有多维性,从而引发高等教育公平悖论。高等教育普及化时代的高等教育入学机会必然会大大增加,但受巨大的在校学生规模影响,绝大多数学生在高等教育过程和高等教育结果中是否都能享受到公平正义呢?高等教育普及化时代的来临加剧了高等教育公平悖论问题的暴露。对此,学术界和实践界在当前都没有做好充足的心理准备。第二,信息社会的到来究竟是增进了高等教育公平还是加剧了高等教育不公?这个问题的回答也具有较大的模糊性,甚至得出截然相反的结论,从而产生高等教育公平悖论。有研究者强调,现代远程教育是实现我国高等教育公平的砝码。[③] 这似乎说明,高等教育公平问题在信息社会语境下可以借助技术手段加以纾解。但信息技术的可获取性与个体信息素养是否直接影响着高等教育公平的砝码呢?另外,我们对高等教育公平的不少判断都处于想象之中,从而信息对称前提之下的信息公开成为展示高等教育公平的重要方式之一。第三,高等教育公平的灵魂在于"制度正义"。我们务必时刻警惕且及时喊停或纠正那些"以公平的名义"造成另一种不公或更大不公平的制度。进一步说,好的制度具有增进公平的正能量,而坏的制度则具有侵蚀人性、招致不公的破坏力。这恰如美国学者约翰·罗尔斯(John Rawls)所强调的那样:"正义是社会制度的首要价值……只要它们不正义,就必须加以改进和废除。"[④]上述三大公平悖论在高等教育强国建设进程中何以解悖?实际上,这不是一个简单的认知问题,而是异常考验实践智慧的一个艰深课题。即在高等教育强国建设进程中,我们不可对某种高等教育公平政策盲目乐观,也不可因在高等教育公平领域暂时取得的某些成绩而沾沾自喜,因为高等教育公平在普及化背景下、信息化背景下时时接受着来自制度正义的拷问。

---

① 别敦荣.推进普及化是建成高等教育强国的必由之路[J].山东高等教育,2018(1):4-5.

② 魏晓艳.大学扩招是否真正推动了高等教育公平:高等教育大众化、扩招与高等教育代际传递[J].教育发展研究,2017(11):26-35.

③ 周洁贞.现代远程教育:实现我国高等教育公平的砝码[J].现代远距离教育,2007(5):9-13.

④ 罗尔斯.正义论[M].何怀宏,译.北京:中国社会科学出版社,1988:1

总的来说,高等教育强国是中华民族伟大复兴的重要组成部分,也是中国人民由来已久的共同夙愿,更是扩大国际影响力、增强国际话语权、增进世界文明理解的重要路径,从而成为我国学术界与实践界共同面临的时代议题。高等教育强国是结构、质量、公平、国际化以及治理现代化等多种要素按照一定秩序形成的结构化产物,从而是一个“结构优化与功能耦合的有机系统”①。高等教育公平在高等教育强国建设中发挥独特功能,是高等教育强国建设的典型标志、有力工具以及重要内容。在高等教育强国建设的伟大征程中,我们理应确立特定的“公平群体”、识别重大的“公平问题”以及警惕现实的“公平悖论”。如此一来,我国在高等教育强国建设的道路上将未来可期,也将在世界高等教育舞台上续写“中国特色”的新时代华章。

---

① 李枭鹰.系统科学视野中的高等教育强国[J].复旦教育论坛,2008(6):23-27.

第十一讲
“一带一路”倡议与区域高等教育国际化的互动

“一带一路”倡议是我国顺应以和平与发展为主题的世界主流趋势、积极构建人类命运共同体的重要行动方案,将有力地推动我国社会主义现代化建设。倡议的推进不仅需要国家立足于全国乃至全球大变局及其未来趋势进行统筹规划,也需要各地方积极参与其中,发挥地方的创造性。对于地方来说,参与“一带一路”建设还是主动实施区域国际化战略并以此推动经济社会高质量发展的重要举措。在国际化战略框架之下,高等教育发展既是这一战略体系的重要组成部分,也是推动这一进程的重要动力机制,因此,推动高等教育融入“一带一路”建设,加快区域高等教育国际化进程,并促使实现高等教育内涵式发展,是一个值得系统探索的重大课题。在此过程中,如何以“一带一路”建设为契机,有效推进区域高等教育国际化进程,需要进行专门研究。基于此,我们立足“一带一路”倡议及其行动框架,探讨区域高等教育国际化的建设向度及其治理,以期为区域高等教育国际化建设提供启示。

一、坚持质量导向,确立高等教育国际化内涵式发展理念

(一)我国高等教育国际化发展的质量提升要求

我国现代高等教育国际化肇始于中国近代教会大学,这些大学传承西方通识教育理念,融会中国传统文化,取得了出色的办学成果。[①] 新中国成立后,我国一直坚持高等教育对外开放政策。先是以苏联为师,向苏派遣留

① 虞宁宁.中国近代教会大学招生考试研究[M].武汉:华中师范大学出版社,2016:1.

学生，并引进苏联专家、技术及设施；1957 年后开始与欧洲、非洲、亚洲非社会主义国家开展教育交流，向意大利、瑞士等国家派遣留学生，学习语言和科技，同时还接收来自社会主义国家、亚非拉民族独立国家和英美等资本主义国家的留学生①；从 1972 年开始，向法国、英国、加拿大等国派遣少数学者进行短期访学②。改革开放之后，我国高等教育国际化迅速发展，2018 年我国出国留学人数达到 66.21 万人，来华留学生有 49.22 万人，来源地从 1978 年的 72 个增加到 204 个③，我国逐渐成为世界上最大留学生派出国和重要的留学目的地。

数据表明，从 1978 年到新冠疫情暴发前的 2019 年，我国各类出国留学人员累计达 656.06 万人。④ “十三五”期间，我国高等教育国际化在留学生交流、跨境教育项目、科研合作、高水平大学建设等各方面持续发展，“走出了一条从学习跟跑迈向并跑领跑的中国特色之路”⑤。2020 年 6 月，教育部等八部门印发《关于加快和扩大新时代教育对外开放的意见》（以下简称《意见》），重点部署新时代教育对外开放，要求“主动加强同世界各国的互鉴、互容、互通，形成更全方位、更宽领域、更多层次、更加主动的教育对外开放局面”⑥。受新冠疫情、签证签发受限等因素影响，根据非公开数据，2020 年当年出国留学人数降为 45.09 万人，2021 年回升至 52.37 万人，2022 年进一步回升 66.12 万。⑦

高等教育国际化在经济社会发展中发挥着重要作用，同时也是其自身发展的有效战略，这就要求高等教育国际化以质量提升为基础，不断增强服务能力。但客观来说，目前我国高等教育国际化尚处于规模化战略发展阶

① 李滔.中华留学教育史录：1949 年以后[M].北京：高等教育出版社，2000：286-288.

② 于富增，江波，朱小玉.教育国际交流与合作史[M].海口：海南出版社，2001：118-120.

③ 李盛兵.新中国成立 70 年高等教育国际化特征与趋势[J].北京教育（高教），2019（10）：69-72.

④ 2019 年度出国留学人员情况统计[EB/OL].（2020-12-14）[2022-12-09].http：//www.moe.gov.cn/jyb_xwfb/gzdt_gzdt/s5987/202012/t20201214_505447.html.

⑤ 熊建辉.高等教育国际化：从学习跟跑迈向并跑领跑[J].中国高等教育，2019（19）：7-9.

⑥ 张烁.教育部等八部门印发加快和扩大新时代教育对外开放[N].人民日报，2020-06-23.

⑦ 全球化智库 CCG. 报告全文|《中国留学发展报告蓝皮书（2023—2024）》[R/OL].（2024-02-29）[2024-04-28].https：//baijiahao.baidu.com/s？ id = 1792204542007125399&wfr = spider&for = pc.

段,从根本上说这是由我国当前阶段经济社会发展包括高等教育发展的能力与水平所决定的。而在我国经济社会发展日益步入新模式、新业态,高等教育发展已迈向内涵式、高质量发展新阶段的新时代条件下,高等教育国际化尚未及时向质量提升阶段转换。

当前,我国高等教育国际化在质量建设上尚存在较多问题,包括国际化维度相对单一,以留学生教育为主,且我国留学生归国服务意识淡薄;来华留学生生源质量不高,在教育成本较高的条件下学术贡献度较低;质量意识匮乏,对留学生教育缺少有效的质量监控;优质高等教育资源相对匮乏,优势专业难以满足留学生需求;在制定国际合作规则等核心领域缺乏主动权①;在国际化发展中存在战略趋同、功利主义、生态意识薄弱等问题②。

总之,较长期以来我国高等教育国际化发展情况在很大程度上滞后于以质量提升为核心的高等教育内涵式发展要求,因而迫切需要在《意见》指导下,以质量为导向,探寻内涵式发展的新路径。

(二)区域高等教育国际化高质量发展观的建立与践行

在教育对外开放政策导向下,推进教育对外开放是各地制定和实施教育改革与发展规划的重要内容。近些年来,各地高等教育的国际化建设在基础设施投入、师生交流、课程开发、科研协作、中外合作办学等方面都取得了一定的发展,但受规模化思维影响,地方高校在国际化办学中尤其注重量的增长,或者说,地方高校更加普遍地按量化指标来开展国际化办学。

随着高等教育国内外竞争的日趋激烈,片面追求量化增长的地方高等教育国际化面临着越来越严峻的挑战,尤其是在“一带一路”建设中各地纷纷强化高等教育国际化、积极创新国际化模式的背景下,走以质量为核心的高等教育国际化内涵式发展道路,并将其置于整个高等教育内涵式发展体系的重要位置,已经成为地方提高高等教育国际化发展水平的必由之路。

探寻新的国际化发展之路,在根本上要求确立以质量提升为导向的高

① 李小红,方晓田.近十年高等教育之来华留学教育:成绩与挑战[J].国家教育行政学院学报,2018(4):58-64.

② 文雯,崔亚楠.新全球化背景下我国高校国际化发展的认知、实施与评价[J].高等教育研究,2020(7):21-35.

等教育国际化发展理念,为改进高等教育国际化实施机制和质量保障机制提供思想与价值引领,加快本地区高等教育国际化由外在导向的、规模化的、生存型的发展模式向基于内在需求的、质量优先的发展模式转变。在此过程中,地方政府与高校应协同发力。

第一,对于政府来说,强化质量评价与质量服务是其引导本地高等教育国际化战略转型的重要任务,即建构以质量为取向的高等教育国际化发展环境,包括:以资质认证和质量评估为主要方式,完善高等教育国际化质量保障体系;优化高等教育国际化的资源投入和配置机制,引导高校由追求规模效应转变为主动追求质量效益;完善国际化法治建设,保障高校发挥自主性,富有创造力地开展交流合作;改变职能和管理方式,尊重高校对外交流合作的自主权,激发其开拓意识和创造能力,增强国际化办学的多样化和生态化。

第二,对于高校来说,应严格立足于质量建设的需求,制定和实施国际化办学的规划方案;积极探索质量导向型招生模式,促进国际生源多样化,提升生源质量;加强精品专业和课程建设,为留学生提供优质教育资源,凝练留学教育特色,同时要建立科学的留学生学业评价体系,引导留学生主动在学业上增加时间和精力投入,提高其学业水平和学术贡献力,提升我国高等教育的国际声誉;与国际一流高校及学术机构开展深度合作,创造共同利益,提升自身发展能力;积极探索优质办学资源的输出,讲好"中国故事",贡献"中国智慧"等。

在"双一流"建设中,政府和高校应把创新国际化办学模式与"双一流"建设结合起来,与一流本科教育及其专业和课程建设结合起来,将参与"一带一路"倡议作为高水平大学建设的重要路径。

二、发挥制度优势,强化政府顶层设计功能及其能力建设

(一)"一带一路"高等教育国际化建设要求发挥我国的制度优势

近些年来,我国在国际事务中发挥着越来越重要的作用,并表现出与传统的国际主导力量不同的国际参与方式,具有鲜明的"中国特色"和"中国

优势”。就我国自身来讲,也正是“中国特色”及其独特优势促使实现了社会主义事业近半个世纪的高速发展,反映了制度本身的优越性,反映了党和中央的国际化战略意识和人类命运共同体情怀,反映了以党中央集中统一领导为核心的国家治理体系的独特优势和现代化治理能力。

在高等教育领域,改革开放四十余年来,“中国高等教育得到大发展、体制改革取得突破性进展、服务社会的能力显著增强”①,中国特色现代大学制度发挥了“基础性、根本性、全局性作用”②,其中,坚持党中央的集中统一领导,发挥集中力量办大事的制度优势,是促成我国高等教育在较短时期内实现规模、质量、结构和效益协调发展的根本力量。也正是在坚持服务于党和国家大局、政府科学实施顶层设计并有效调动基层探索活力等基本政策、基本制度的引导规范之下,新中国成立七十多年来高等教育对外开放取得了持续的进步。③

“一带一路”倡议是党和国家进一步扩大开放、加快高质量发展的重大规划设计,其“以共商共建共享为原则,以和平合作、开放包容、互学互鉴、互利共赢的丝绸之路精神为指引”,目前已经成为在全球广受欢迎的公共产品④,显示了我国社会主义道路优势、制度优势,凸显了党和政府的治理智慧和现代化治理能力。在“一带一路”建设中,高等教育国际化是一个涉及主权保护、意识形态引领、资源和利益协调以及教育创新发展等多维度、多层面的复杂工程,要取得进一步发展,必然要求持续发挥我国基本体制的统领优势,由政府立足全局,做好顶层设计,进而由从中央到地方各级教育行政部门通过评价、管理和服务等多种方式,推进“一带一路”高等教育国际化新思维持续施加影响、新模式有序有效实施。

各地要在“一带一路”高等教育国际化竞争中占据主动,尤其需要在地

① 余小波,刘潇华,黄好.改革开放四十年:我国高等教育改革发展的基本脉络[J].江苏高教,2019(3):1-8.

② 邓传淮.推动中国特色现代大学制度建设[J].中国高教研究,2020(2):6-8.

③ 张继桥,刘宝存.新中国成立七十年来高等教育对外开放政策的历史演进与基本经验[J].高等教育研究,2019(8):9-17.

④ 推进“一带一路”建设工作领导小组办公室.共建“一带一路”倡议:进展、贡献与展望[EB/OL].(2019-04-22)[2022-12-09].http://www.xinhuanet.com/world/2019-04/22/c_1124400071.htm.

方政府的引导和支持下，从本地区实施高等教育国际化的基础、定位及其需求出发，在核心价值引领下，探索建立富有特色和创新性的实施方案，构建有利于激发和保障高校等多元主体创新活力的制度环境。

（二）“一带一路”高等教育国际化进程中地方政府顶层设计的优化与实施

地方“一带一路”高等教育国际化建设的推进，需要发挥制度优势，优化政府顶层设计职能，这是确保“一带一路”高等教育国际化各方主体多元诉求得以协调、兼顾的重要条件。

其一，地方高校在实施国际化办学过程中，思想、模式、内容及路径等高度多元化，这一方面有利于增强地方高等教育国际化的创新性与实效性，但也隐藏着方向与价值的风险，因此需要加强党和政府在本地高等教育国际化中的领导，引导各高校在国际化进程中坚守、维护国家教育主权和核心利益，并在积极引进和借鉴教育发展国际经验的同时，贡献“中国智慧”，讲好“中国故事”。

其二，以地方在参与“一带一路”建设中的整体战略为依据，制定地方的高等教育国际化发展规划，厘清深化高等教育国际化机制改革的基本思路，布局本地区高等教育国际化的发展方向及其重点，引导各高校明晰学科和专业建设、留学生教育等各领域的发展定位与重点路向，从而优化区域高等教育结构，提升教育发展效益。

其三，高校融入区域创新发展系统，是促进地方与高校共赢发展的新战略①，在高等教育国际化发展进程中，应引导高校积极服务于地方科技发展和产业调整，在人工智能、大数据、区块链、物联网、集成电路及生物科技等领域强化对外教育、科研与技术开发方面的有效协同，优化地方产业结构，促进产业升级和提质增效，充分发挥高等教育国际化对区域经济社会发展的促进作用。

其四，地方政府应适度增加高等教育国际化的资源和经费投入，尤其是集中力量打造一批具有国际化高质量发展能力的院校、学科和专业，引导各

① 卢旺.地方本科院校服务地方机制创新研究[M].北京:中国经济出版社,2019.

高校富有积极性和创造性地参与国际化发展，自觉增强科学发展能力，提升发展质量，在地方的一流大学、一流学科及一流本科教育中发挥重要作用。

其五，在高等教育国际化内涵式发展的新阶段，地方政府必须摒弃规模化发展思维，在顶层设计和制度供给过程中严格坚持质量化原则，强化高等教育国际化质量治理，通过认证、评价、问责、资源配置等方式引导各高校建立质量型国际化办学体系，实现内涵式发展模式的转型。在此过程中，地方政府需要在强化自身专业化建设的基础上加大改革创新力度，培育学习型、专业型、服务型政府，促进高等教育国际化治理体系与治理能力的现代化发展；建立服务于本地高等教育国际化乃至“一带一路”高等教育专项发展的机构和职能体系，在组织架构上为自身充分发挥顶层设计作用奠定基础。

三、创新体制机制，保障高校国际化办学的主体地位

（一）“一带一路”高等教育国际化发展要求发挥高校的主体性与创造性

坚持党中央集中统一领导是我国社会主义建设的基本经验和根本原则，而将统一领导和基层自主探索有机结合起来，亦是我国社会主义现代化建设不断取得成功的重要经验。政府在宏观上统筹规划引导，有利于实现整体发展目标，尤其是有利于在全局范围内调整结构，优化整体功能；基层依法自主生产、运营和管理，则有利于激发基层活力，促进发展的多样性和创新性，提高资源利用效率，这是实现高质量发展的基础。

我国高等教育管理体制实施党中央集中统一领导下的分级管理，反映了政府宏观指导和地方自主探索相结合的制度设计。但在具体的高等教育管理实践中，往往会发生统一领导和基层自主之间的矛盾，突出地表现为政府干预过多而高校缺乏办学自主权。无论是新世纪以来现代大学制度的探索，还是党的十八大以来高等教育治理现代化建设，其核心都是在坚持国家基本体制的前提下，对具体的运行与管理机制进行调整，而基本方向就是优化府学关系，也即推动政府放权和科学用权，扩大地方统筹管理权和高校办学自主权，拓宽基层创造性办学空间。

高等教育国际化对于推动高等教育创新发展、一流大学建设乃至服务国家重大战略需求等具有重要意义。在“一带一路”建设中，高等教育国际化肩负着重大的国家使命和社会责任，其政治、经济、文化和教育等多维外部效应更为国家所重视；同时，“一带一路”倡议的实施在资源、政策和价值导向上有着独特要求，需要政府实施积极的财政支持和政策引导。但无论从高等教育作为特殊行业的内在规律而言，还是从高等教育国际化的多样化、复杂化的生态来说，高校作为实施高等教育国际化的真正主体，都必须拥有充分的自主权。

“一带一路”沿线国家在经济社会发展水平、制度和文化环境、高等教育发展基础、国际化需求等各方面高度多样化，需要高校在相互充分理解与调适的基础上建立起适切的合作模式，而这是以高校具备必要的自主地位为前提的。所以，唯有充分依法自主办学，我国高校才能够按照高等教育及其国际化规律，从高等教育国际化的现实与未来趋势出发，结合自身办学基础和规划定位，采取适宜的国际化发展策略，并以追求更大的国际化收益为导向，优化内部资源配置，创新国际化办学机制。

概言之，地方高等教育国际化的发展仍然需要政府在深化体制机制改革中扮演主导者角色，但政府的主导是以保障高校国际化办学的主体地位为导向的，政府应致力于为高校创新国际化办学模式建构良好环境。

（二）“一带一路”高等教育国际化进程中高校主体地位与创造性的保障

政府通过制度建设来保障高校在国际化发展中的主体地位及其创造力，既是高等教育国际化发展规律的内在要求，也是“一带一路”建设复杂现实的客观所需。要保障高校的主体地位及其创造性，必须做到以下几点：

其一，要完善和落实高校的独立法人制度，依法赋予高校以国际化办学的自主权。《中华人民共和国教育法》《中华人民共和国高等教育法》均明确规定了高校的法人地位，同时也赋予了高校依法实施国际交流合作、学科专业设置、科研开发和社会服务等多项自主权利。地方政府应强化依法行政、依法治教意识，尊重和保障高校在国际化办学中的法定权利，为高校创造性地参与“一带一路”建设和自由有序竞争营造适宜环境。高校在法律上具备自主办学的地位和权力，能够独立承担法律责任，是与其他国家和地区高等教育机构建立合作协议、独立有效地履行协定责任的重要前提。

其二，创新高等教育国际化质量评价机制。政府要从地方高等教育国际化的基础与目标出发，以高等教育发展及其国际化规律为依据，以协商、审核等方式与各高校制定科学、可行的国际化办学评价体系，确保高校国际化办学的先进理念和创新性方案获得足够的实践空间；政府要将评价权适度让渡给专业的评价机构，强化对高校国际化发展的专业化指导和服务，避免过多的行政化评估异化成对高校自主权的束缚；要突出质量评价，既要强化对高校国际化办学质量的考核，更要通过评价为高校优化国际化办学模式、提高办学效益提供专业的诊断和指导，帮助高校不断增强自主办学、创新合作办学的能力，提高国际化办学质量；重构评价、问责与投入之间的关系，淡化绩效考评与资源分配间的关联性，避免对高校形成制度性束缚，导致高校丧失主动创新意识。

其二，建立高校国际化办学的服务机制。地方政府应扮演好高校对外开放的服务者角色，即为高校有效参与国际合作提供优质的公共服务，包括完善基础设施条件、健全政策和法规、提供信息咨询、优化资格审核及项目审批程序、促进中外合作办学等，以降低高校的国际化业务成本，提高国际化办学效益。需要指出的是，地方政府以服务者的角色和职能为高校自主办学提供必要环境，也意味着其自身要增强政治敏锐性，依据国家法律和社会主义核心价值观的要求，建构正确的高等教育国际化政治秩序，这也是制度建设的重要内容。在近两年，高等教育国际交流被部分国家纳入国际政治场域，甚至被当成政治博弈的“资本”①，在此背景下，强化“一带一路”高等教育国际化的政治意识和相应秩序，显得尤为必要。

① 安亚伦，段世飞.美国高校接收国际学生政策的历史演进及其内在逻辑[J].江苏高教，2020(1):111-119.

四、构建战略联盟，发挥“一带一路”高校集群协同效应

(一)高校战略联盟将推进“一带一路”高等教育国际化建设进程

在“一带一路”建设进程中,各高校积极探索对外开放有效路径,改革和创新国际化办学机制,提高国际交流与合作质量,从而促进合作各方包括高校、行业企业、社会组织及政府等共同发展和共同受益,是“一带一路”建设取得积极成效的重要表现,也是确保高校等各方实现合作的基础,因而寻求合作和实现共同发展、共同受益是确保“一带一路”建设持续深入发展的重要动力机制。这意味着,在探索高等教育国际化模式改革与创新的过程中,建立起协同发展机制,以寻求并扩大共同利益,有着重要意义。建立“一带一路”高校战略联盟,是强化合作各方共同发展、通过发挥集群效应而扩大共同利益的有效探索,因而也是地方高等教育国际化模式改革的一个重要向度。

“战略联盟”最早是一个经济学和管理学概念,是指由两个或两个以上企业,通过建立契约而结成的优势互补、风险共担、生产要素水平式双向或多向流动的一种松散的合作模式。① 目前,战略联盟已被广泛应用到包括高等教育在内的多个领域。在国际上,高校以战略联盟形式加强校际合作,实现协同发展,已是高等教育创新发展的重要战略选择,例如非洲大学联盟(AAU)、澳大利亚八校联盟(Go8)、美国大学合作委员会(CIC)、英国罗素大学集团(The Russell Group)、德国理工大学联盟(TU9)等。高校战略联盟就是由两个或多个高校基于共同的理念、目标或利益诉求而建立起来的,在办学资源和管理体系等方面实现共享与合作,从而共同提高办学能力、增强竞争力的松散联合体。②

高校战略联盟适应了“一带一路”高等教育国际化对建立共同发展机制的要求,具备重要的实践价值。事实上,从政策制定到改革探索,高校战略联盟已然成为我国有效推进高等教育国际化高质量发展战略的重要方式。

---

① 弋亚群,刘益.战略联盟:国有企业改革的一种选择[J].西安交通大学学报(社会科学版),1998(4):44-47.

② 朱炎军,夏人青.高校战略联盟的效应与模式:基于资源优化的视角[J].高教探索,2015(5):5-8,54.

2016年4月，中共中央办公厅、国务院办公厅印发的《关于做好新时期教育对外开放工作的若干意见》就明确提出：“推动大学联盟建设……深化双边多边教育合作。”2016年7月，教育部印发《推进共建“一带一路”教育行动》，进一步强调“支持在共同区域、有合作基础、具备相同专业背景的学校组建联盟”。目前国内高校联合“一带一路”沿线国家高校，已经成立了“一带一路”高校战略联盟等30多个联盟组织，有效地推动了我国“一带一路”区域高等教育国际化的纵深发展。[①]

(2)地方在“一带一路”高等教育国际化进程中对高校联盟战略的具体实施

参与“一带一路”高校战略联盟，寻求和扩大合作基础，对于地方在“一带一路”框架下推进高等教育国际化内涵式发展具有重要意义，因而有必要探索建立有效的高校战略联盟实施和治理机制。

第一，立足于地方高等教育资源的需求，选择加入具有充分合作基础、协作空间大的高校战略联盟，在交流合作中获得资源支持和经验借鉴。例如，新型制造业的发展对高等工程教育提出了新要求，培养高水平工程技术人才就成为新型高端制造业发达地区如江浙等省份的迫切需求，而高校加入由浙江大学发起建立的“‘一带一路’工程教育国际联盟”，将有助于提高该地区高等工程教育发展水平，增强工程技术人才培养能力。

第二，发掘本地高等教育的特色与优势，发起建立新的高校战略联盟。例如，在儒家文化的国际影响日益扩大的当下，儒学或儒家文化就可作为山东省参与和发起战略合作的重要基础，这有助于充分彰显山东高校在参与国际交流合作中的特色优势，并增强其主动权和话语权。

第三，战略联盟是协调高校之间非合作博弈关系、促成协同发展的有效机制[②]，地方高校可以以促进“一带一路”建设为愿景，在充分利用“一带一路”带来的重大机遇和有效应对高等教育国际竞争、“双一流”建设竞争、资

① 朱以财，刘志民.“一带一路”高校战略联盟建设的现状、困境与路径[J].比较教育研究，2019(9)：3-10.

② 冒荣，宗晓华.合作博弈与区域集群：后大众化时代我国高等教育发展机制初析[J].高等教育研究，2010(4)：35-40.

源竞争等严峻挑战的基础上，建立以本地高校为主体的区域高校战略联盟，相互补充和相互促进，从而提高资源利用效率，释放并增大资源效能，提升服务地方品质。

第四，要保障高校战略联盟能够持续产生集群效应，关键是要实施"共建共治共享"的治理机制，加强高校战略联盟治理，这要求地方政府及各高校强化社会责任乃至人类命运共同体意识，在此价值引领下建立起有效的信息公开机制、协商决策机制、资源共享机制、利益分配机制、质量保障机制，确保高校战略联盟有序、高效运行。高校战略联盟既是一种发展的形式或载体，又是一个创新型教育治理主体，通过构建战略联盟，不仅能够增强高校治理能力，还可以优化区域高等教育治理结构，尤其是能够促进政府与高校间权力与责任的平衡。①

总之，地方积极探索构建高等教育国际化战略联盟，有助于促进高校协同发展与集群创新，将有力推进地方高等教育国际化和"一带一路"建设进程。

五、扩大治理空间，优化高等教育国际化治理体系与能力

（一）优化"一带一路"区域高等教育治理效能，要求扩大外部治理主体参与空间

高等教育国际化的内涵式发展要求加强高等教育国际化的治理体系与治理能力建设，提升治理效能。治理的核心意旨是多个利益相关者共同参与管理和服务过程，实现权力主体的多元和分散；各主体相互协商从而达成共识，进而在协同实践中实现共同目标和利益。

我国高等教育管理的体制与传统是以政府为代表的权力集中模式，有时会遮蔽大学的自主能力和专业势能。在治理模式下，政府将下放权力，高校获得更多自主权，行业组织、企事业单位及第三部门获得参与治理的权力；在高校内部，学术权力获得中心地位，行政权力向服务型行政转型，民主

① 张继明，王洪才.基于协同发展的高校集群治理：我国高等教育治理现代化建设的一个重要向度[J].复旦教育论坛，2020(5)：12-18.

群体获得更多发言权，同时市场力量通过相应机制参与学校的学科、专业及课程建设等。

高等教育治理不仅仅止于形式上的权力分散，其实质意义在于增强各主体运用权力与践行责任的能力，即提升治理效能。相对来说，在我国大学治理探索中，外部治理主体的参与空间仍较为狭小，而事实上，引入社会参与机制、激发社会参与治理的热情，是突破行政中心主义进而提升治理有效性的关键步骤。① 因此，扩大外部主体治理空间，优化区域高等教育治理体系及其效能，是推动实现高等教育国际化高质量发展的重要向度。

在“一带一路”高等教育国际化框架下，承前所述，政府需要通过强化治理来提高“一带一路”框架下高等教育国际化质量，履行优化教育供给服务的公共职责；高等教育国际化发展的主体是高校，故高校必然要承担起作为治理核心主体的责任；高校战略联盟则为高校有效参与高等教育国际化治理提供了新的组织形式。在未来，在“一带一路”高等教育国际化的治理改革中，需要有针对性地加强制度设计，扩大外部主体参与治理的空间，这不仅是由治理的规律所决定的，还是基于“一带一路”高等教育国际化探索的实践需要。

“一带一路”倡议下的高等教育国际化极其复杂，高校的国际化办学呈现出显著的复杂性特征，不仅需要政府及其外事、教育等多个管理部门提供政策引导和业务指导，还需要有关社会行业和组织提供专业的服务，如风险评估、法律咨询、中介服务等；同时，高校要提高国际化办学效能，本身也需要了解国际经济社会发展形势，尤其是掌握合作对象所在国家或地区的人才与科技市场的需求，有针对性地实施办学，因而必须重视外部相关利益主体在治理中的作用。而对于外部主体来说，参与高校治理也是其实现自身诉求的过程，例如，通过参与合作来获得高校的智力支持，通过参与合作引进优质的教育资源，以及推动彼此间的文化交流等。

(二)地方强化“一带一路”高等教育国际化外部治理的实施路径

要提升“一带一路”框架下区域高等教育国际化的治理效能，需要扩大

① 王洪才.教育治理体系与治理能力现代化论略[J].复旦教育论坛,2020(1):12-18.

外部主体参与治理的空间。

其一，在很大程度上，政府的顶层设计责任关乎整个高等教育国际化治理的效能，地方政府要提高顶层设计质量。一是需要强化科学的调查研究，发挥专业组织、专业团队的理论优势及其咨议作用，如目前各类智库建设方兴未艾，地方政府可以借力智库的专业力量，提高科学决策能力；二是地方政府应建立和完善专业化的治理体系，如建立专门的顾问委员会，吸收社会贤达和各行业专业人士，在充分汲取外部智慧、充分掌握和科学分析相关讯息及数据的基础上，制定合理的规划方案。

其二，高校应严格落实《普通高等学校理事会规程（试行）》，完善理事会组织结构，强化理事会成员的多样化构成，尤其是有必要面向全球包括“一带一路”沿线国家、国际组织等吸收理事会成员，促进理事会的国际化。在有些国家，大学决策机构的社会化、国际化是法定要求，如柏林洪堡大学在其章程中规定大学董事会须有工商界代表，伯明翰大学在其章程中规定校外学术机构、宗教机构等共同加入大学议事会，希伯来大学还在章程中明确规定其理事会、管理委员会必须包含一定比例的国外人士代表。[①] 目前，我国高校理事会制度建设的一个重要任务是克服理事会的形式化问题，赋予理事会以实质性参与权，并探索建立有效的参与机制，为高校参与“一带一路”建设提供更多具有实质意义的资源和服务。

其三，“一带一路”建设涉及文凭互认、政策调适、法律适应、文化理解等复杂的国际协调问题，往往需要一个成熟的多边机构在制定国际议程中发挥协调性作用。地方在推进高等教育参与“一带一路”建设中，也应积极开展与国际组织的合作，增强高等教育国际化治理的流畅性和有效性，如联合国教科文组织（UNESCO）在全球高等教育治理中有着广泛的参与度和话语权，并越来越多地发挥着引领作用，该组织的宗旨之一就是通过教育、科学及文化来促进各国间的合作。[②]

此外，地方政府和高校还可以积极加入诸如“国际公平竞争委员会”

① 张继明.学术本位视域中的大学章程研究[M].济南：山东人民出版社，2015.

② 段世飞，彭湜尘.国际组织参与全球高等教育治理研究：基于“全球治理五要素”的理论框架[J].学术探索，2020(9)：148-156.

(ICFP)、“国际地质科学联合会”(IUGS)及“‘一带一路’国际科学组织联盟”(ANSO)等“一带一路”沿线国际组织,或与之开展相关合作,在更加广阔的视野内寻求合作和创新契机,这也有利于地方在推进高等教育国际化治理中增强国际理解力、适应力和协调力,提升治理效能。

综上所述,对于区域高等教育国际化发展而言,“一带一路”建设是一个难得的契机,但需要进行一个系统化的建构过程,在思想理念、价值取向、体制机制、社会参与等各方面实施革新,促使各相关主体共同参与,实现国家、机构和民间不同层面的相互补充和促进,发挥出协同创新的价值。这一过程的基本逻辑在于,以国家“一带一路”倡议与框架为行动依据,立足地方高等教育国际化战略定位,坚持内涵式发展理念,构建以政府为主导、以高等学校为主体,高校战略联盟、行业与企事业单位及国际组织等多元主体共同参与的治理体系,以提升高等教育国际化治理能力的现代化水平。后疫情时代,全球高等教育格局面临重构,我国必须强化研究,大力创新,发掘本土文化优势,持续推进“一带一路”建设,以此推动高等教育国际化更好地发展。[①]

---

① 阿特巴赫,高媛,刘进,等.后疫情时代高等教育国际化的未来走向[J].高校教育管理,2022(1):1-14,86.

第十二讲
中国高等教育何以崛起的政治解读

高等教育是促进科技发展、培养高端人才、提升综合国力的重要引擎，世界各国都对高等教育发展这一议题给予了前所未有的关注。建成高等教育强国是全党、全社会、各族人民的共同愿望。中国高等教育何以崛起，这是学术界必须书写并解答的时代答卷。通过分析英国贝尔纳和日本汤浅光朝的"周期论"、美国阿特巴赫的"依附论"、我国潘懋元的"超越论"以及加拿大许美德的"对话论"四种学术论断，我们可以发现中国高等教育崛起之路的不同方案，在学术辩驳之中寻找适切的中国式高等教育现代化道路。

一、周期论：不断转移的世界高等教育中心

何谓"周期"？事物在发展过程中某些特征周而复始地出现，其重复一次所经历的时间，我们将其称为"周期"。比如，数学中有周期性函数，化学中有化学元素周期表，物理上有周期性运动，生物学中有生命周期，经济学中有周期性波动等。世界科技中心转移也存在类似的周期律。"世界科学活动中心"这一概念最早由英国著名科学史家丹皮尔(W.C.Dampier)在其1929年出版的著作《科学史及其与哲学和宗教的关系》中提出。1954年，英国物理学家贝尔纳(John Desmond Bernal)在《历史上的科学》一书中首次对科学活动的主要区域随时间变化在世界范围内运动的现象做出定性描述。1962年，日本汤浅光朝通过大量科学史数据研究指出："如果一个国家和一定时段内的科学成果数超过全世界科学成果数的25%，这个国家在此时段内可称为世界科学中心。"世界科学中心的转移经历了意大利(1540—1610年)，英国(1660—1730年)，法国(1770—1830年)，德国(1810—1920年)，

美国(1920 年至今)。[①] 人们将此现象称之为“贝尔纳—汤浅现象”或“汤浅现象”,因其中心转移平均为 80 年,表现出一定的周期规律,也称“周期律”或“周期论”。世界高等教育中心与世界科技中心之间是一种相辅相成、密不可分的关系[②],也表现出步调一致的转移现象与周期规律。

究竟哪个国家会成为下一个世界高等教育中心,这个问题的答案可以从“哪个国家会成为下一个世界科技中心”那里得到启发。“贝尔纳曾经预言苏联将是继美国之后的世界科学中心”[③],也就是说,苏联有可能成为世界高等教育中心,但随着苏联解体,贝尔纳的预言失败了。20 世纪末,日本快速发展的姿态令其他国家震惊,特别是 2001 年制定的“诺贝尔计划”逐步推进,即日本可能会成为下一个世界高等教育中心,但中心转移并没有如期而至。赵红州在《科学能力学引论》一书中曾预言:科学活动的中心将转移到社会主义的东方大陆, 即中国。[④] 近年来,随着中国综合实力的快速提升,高等教育事业也取得了举世瞩目的发展成绩,但与美国相比仍存在不小的差距。

周期论描述的只是科技中心转移的一种统计性规律或大概率事件,中国高等教育崛起不可能等着“天上掉馅饼”,必须付出全面的努力。不少学者从“还原论”视角对世界科技中心形成的因素进行解构,这对当前我国建设高等教育强国具有重要启发意义。刘钒认为,经济的快速增长、文化的激荡、社会的变革、新学科的产生、科学人才的流动、科学教育的发展等,是促成世界科技中心转移或突变的重要因素。[⑤] 潘教峰等人认为:“经济繁荣、思想解放、教育兴盛、政府有力支持等社会因素以及科学成果涌现时机因素共同导致了世界科学中心的形成、演进与更替。”[⑥]王喆强调,经济体制、科

① 宋荣.19 世纪科学中心在德国形成的原因初探[J].求实,2002(S2):214-215.

② 迟景明.科学中心转移与高等教育中心转移之间的关系[J].教育科学,2003(6):35-37.

③ 刘钒.“汤浅现象”内涵解析及其现实意义[J].社会科学论坛(学术研究卷),2007(7):4-8.

④ 赵红州.科学能力学引论[M].北京:科学出版社,1984:290.

⑤ 刘钒.“汤浅现象”内涵解析及其现实意义[J].社会科学论坛(学术研究卷),2007(7):4-8.

⑥ 潘教峰,刘益东,陈光华,等.世界科技中心转移的钻石模型:基于经济繁荣、思想解放、教育兴盛、政府支持、科技革命的历史分析与前瞻[J].中国科学院院刊,2019(1):10-21.

技行政管理体制、教育体制等问题仍然是制约科技创新能力的关键因素。①这说明,中国高等教育崛起需要政治、经济、文化、科技、教育、社会等多方面的系统变革,尤其是解除传统体制机制对高等教育发展的制度性束缚。同时,中国高等教育崛起还要甩掉"思想包袱","周期论"所描绘的"世界高等教育中心"不应成为中国高等教育发展的依据之一,也不应成为中国高等教育发展的唯一目标,因为未来世界高等教育格局很可能是"多中心"或"去中心"的。

二、依附论:依附于发达国家发展高等教育

"依附论"于 20 世纪 60 年代兴起于拉美国家,旨在探讨发展中国家处于依附地位的原因以及如何走出依附困境的宏观发展理论。"中心—边缘"是依附论学派借用阿根廷经济学家劳尔·普雷维什(Raúl Prebisch)思想所建立的分析框架,他们认为第三世界国家无一例外均是边缘国家。阿特巴赫(Philip G.Altbach)是在高等教育领域倡导依附论的代表人物。在他看来,发达国家的大学处于世界学术系统的中心,它们才是知识的创造者,往往位于金字塔顶端且发挥领导作用,而第三世界国家的大学处于世界学术系统的边缘,它们只是知识的消费者,往往处于金字塔底端,只会照搬或依附于中心大学的发展模式。更残酷的是,阿特巴赫对第三世界国家与发达国家之间这种不平等的学术体系之改变表现出悲观态度,并强调由于历史传统、语言、科研、出版、人员交流以及教育援助等诸多因素的综合作用使得原本就不平等的关系得以维系甚至加剧。② 阿特巴赫早在 1993 年发表的《巨人的边缘:世界知识体系中的印度和中国》一文中,就毫不客气地抛出"中国在世界知识体系中处于边缘地位"的论调。国内不少阿特巴赫的追随者同样认为,中国高等教育百年发展历程表现出"依附发展"特征③,甚至有

① 王喆.体制创新是科技创新的重要保障:也谈"汤浅现象"与"李约瑟难题"[J].北京行政学院学报,2006(1):25-28.

② 阿特巴赫.作为中心与边缘的大学[J].蒋凯,译.高等教育研究,2001(4):21-27.

③ 袁本涛.依附发展:20 世纪中国高等教育发展的重要特征[J].教育发展研究,2000(6):46-48.

人将其视为“一部依附发展的历史”①,并强调“依附发展”是后发型国家迈向现代化的捷径②。

进入新世纪以来,中国高等教育取得了举世瞩目的成绩,阿特巴赫对中国高等教育从“边缘”走向“中心”,建设高等教育强国,乃至建成世界教育中心,持有乐观但审慎的态度。他在2010年发表的《巨人觉醒:中国和印度高等教育系统的现在和未来》一文中指出,中国“院校系统的规模位居世界的最前列”,但“是否具有全球竞争实力却是难以确定的”,“要达到系统自身整体的卓越和效率还需要对其进行改进”。③ 在中国建设高等教育的强国这一问题上,阿特巴赫这样提醒道:“作为高等教育的强国,就要扮演高校治理与学术研究引路人的角色,单纯地模仿或输入其他国家的体制是承担不起这种角色的。”④言外之意就是,中国大学的崛起必然需要在大学发展模式上有所创新而非模仿,尤其是在大学治理和学术研究上发挥引领作用。但同时,阿特巴赫又强调中国应该借鉴其他国家的高等教育发展理念,特别是美国的学术自由、竞争意识和服务精神。显然,阿特巴赫的矛盾心态与纠结心理显露无遗:一方面奉劝中国大学独立自主地开展体制创新,另一方面要求中国大学接受美国的成功经验。这种话语力量的支配作用,虽是无形的却是深刻的,往往以一种学术观点的面貌成为新殖民主义的一把匕首,挫伤后发型国家自主探索的热情,我们对此必须抱有清醒的认识。至于中国能否建成世界高等教育中心这一问题,阿特巴赫认为知识在迈向去中心化,未来中国可以成为一个世界科学中心和教育中心,但只是“之一”而不是“唯一”。⑤

不容否认,阿特巴赫从研究关怀的视角为第三世界国家包括中国的高

① 张珏.百年来中国高等教育依附式发展的反思:谈学习国外高等教育的基本经验[J].现代大学教育,2002(3):67-70.

② 刘健.高等教育的依附发展与学术殖民[J].高等教育研究,2008(12):8-11.

③ 阿特巴赫.巨人觉醒:中国和印度高等教育系统的现在和未来[J]覃文珍,译.大学教育科学,2010(4):3-17.

④ 陈廷柱,姜川.阿特巴赫教授谈中国建设高等教育强国[J].大学教育科学,2009(2):5-8.

⑤ 李盛兵.中国成为世界教育中心八问:与菲利普·阿特巴赫教授的对话[J].教育发展研究,2018(17):1-5.

等教育发展提出了一些建议。譬如,边缘大学可以通过阐释本土文化、解决本土问题的方式成为文化与批判中心,运用本国语言进行研究和分析,加强财政投入的延续性,更加关注基础研究,增强大学与社会之间的联系,打破官僚体制对大学自治与独立精神的束缚等。① 但是,阿特巴赫的基本态度并未发生实质性改变,因为学术殖民主义使得第三世界国家包括中国深深地被西方的学术模式和管理模式影响着,并会持续相当长的一段时间。② 同时值得说明的是,从 1993 年的"巨人边缘"到 2010 年的"巨人觉醒"再到 2018 年"一些顶尖中国大学已经成为世界中心的一部分而不再是边缘",这些观点的悄然变化说明阿特巴赫对中国高等教育的认识逐步深化。在华南师范大学李盛兵教授与其对话中,阿特巴赫承认了自己的错误,1993 年他曾说中国不可能也没有能力投入巨资建设一流大学,"关于这一点,我错了"③。这在很大程度上说明,中国高等教育以自身发展实际证明了阿特巴赫教育依附理论以及高等教育"中心—边缘"分析框架的局限性。

当中国高等教育发展的历史画卷徐徐展开,我们就会发现:中国高等教育从来不是西方发达国家高等教育现代化的"翻版",而是在中国共产党的坚强领导下开创出的中国式高等教育现代化"新版"。虽说"依附论"在中国大地上是站不住脚的,但它也在提醒我们:"亦步亦趋,终为奴仆;借鉴超越,方成主家。"④

三、超越论:在独立自主与学习借鉴中实现超越

在阿特巴赫的理论传入国内后,许多学者参照依附理论来解读中国高等教育发展的历史与现实。在此情形之下,我国高等教育学科创始人潘懋元先生在 2005 年、2009 年、2017 年发表文章对这种危险的学术立场进行了

---

① ALTBACH P G. World class worldwide: Transforming research universities in Asia and Latin America [M]. Baltimore: Johns Hopkins University Press, 2007: 56.

② ALTBACH P G. Twisted roots: The Western impact on Asian higher education [J]. Higher education, 1989(18): 9-29.

③ 李盛兵.中国成为世界教育中心八问:与菲利普·阿特巴赫教授的对话[J].教育发展研究,2018(17):1-5.

④ 杜祖贻.借鉴超越:香港学术发展的正途[J].比较教育研究,2000(5):1-4.

较为彻底的批判，主要体现在如何正确认识中国高等教育百年发展史和如何正确认识中国建设高等教育强国两大主题上，并旗帜鲜明地提出并证明了高等教育发展的“借鉴超越论”，具有以正视听、坚定自信的重要作用。

潘懋元先生对高等教育“依附论”的质疑主要集中在前提性批判和多案例循证上。在前提性批判方面，依附理论涉及的基本概念、学术立场和研究方法值得反思；将依附理论套用至高等教育研究领域值得商榷；将中国高等教育近代化归结为依附发展，未免以偏概全。在批驳过程中，潘懋元先生一针见血地指出，依附理论的实质是用西方的话语体系来消解第三世界国家的自主发展权。① 在多案例循证上，潘先生以拉美国家为例，说明依附发展呈现出强烈的“目标依赖”“模式依赖”和“路径依赖”，但中国不同于拉美国家。尽管中国高等教育曾向日本、德国、美国以及苏联学习，但从来不是对某一国家高等教育模式的照搬照抄，而是在逐步探索中形成了具有民族特征、扎根文化土壤、符合实际需要的中国特色的教育制度与理论。从世界高等教育中心历史转移的角度，说明如今德国、美国、日本等高等教育强国的崛起之路都不是依附发展道路，而是在借鉴基础上不断走向超越之路。这种“以子之矛攻子之盾”的论证思路不禁令人称奇。

在批判的基础上，潘懋元先生尝试对“借鉴超越论”进行理论思索与建构。他通过依附发展与借鉴超越两种发展道路的对比，从概念解析、理论内核、现实依据以及实践路径等维度完成了对“借鉴超越论”的初步刻画。就概念解析而言，“借鉴”意味着主动学习、批判学习，这是发展的手段，“超越”意味着缩小差距、迎头赶上，这是发展的目标，二者是手段与目标的有机统一。借鉴超越的过程就是对外依赖程度不断降低、独立自主意识不断增强、自身发展模式日益鲜明的过程。就理论内核而言，“借鉴超越论”强调后发型国家发展高等教育关键在于充分尊重发展的自主性、学习的主动性，即主体意识是区别借鉴与依附的根本标志。就现实依据来说，透过西北联大办学特色，我们可以看到抗战时期办学者们传承民族文化的艰辛努力与孜

① 陈兴德，潘懋元．“依附发展”与“借鉴—超越”：高等教育两种发展道路的比较研究[J]．高等教育研究，2009(7)：10-16.

孜不倦的育人精神[①];透过中国高等教育学的创建,我们可以看到中国高等教育学人敢于自主创新的勇气[②];透过中国独创的自学考试制度,我们可以看到改革开放后学者们结合中国国情、冲破教育桎梏、解决中国问题的大胆创新[③];透过独立学院的发展,我们可以看到面对高等教育大众化开创高等教育独特发展路径的中国智慧[④]。就实现路径而言,增强主体意识、守望文化自觉,在学习与借鉴中探索高等教育独特发展模式。

在高等教育强国建设问题上,潘懋元先生秉持积极乐观、满怀期待的态度。他的总体观点是,"双一流"政策为高等教育强国建设注入强大动力[⑤],中国与世界高等教育强国间的差距不断缩小[⑥]。但是,受西方国家大学排行榜的影响,世界一流大学基本被固化为若干所精英化的研究型大学。在他看来,这种被建构起来的认识不仅是值得商榷的,而且容易打击地方本科院校的办学热情。因为世界一流大学都不是依照某种固定模式发展起来的,而是在漫长的自主探索中实现个性与共性的有机统一。与阿特巴赫所强调的中国建设高等教育强国需要接纳美国的学术自由、竞争意识和服务意识等不同,潘懋元先生异常清醒地认识到,建设世界一流大学更应该注重从我国国情出发,紧密对接社会需求、科技前沿和产业发展,更加重视地方本科院校在高等教育强国建设中的重要作用。[⑦] 这说明,潘懋元先生提出的"借鉴超越论"更加强调立足本土国情、坚定文化自信,为中国特色的高等教育发展之路指明了方向,同时给予第三世界国家独立自主地发展高等教育事业以美好希冀。

---

① 潘懋元,张亚群.薪火传承 文化中坚:西北联大的办学特色及其启示[J].西北大学学报(哲学社会科学版),2013(1):5-11.

② 潘懋元,陈兴德.依附、借鉴、创新?——中国高等教育学科建设之路[J].北京大学教育评论,2005(1):28-34.

③ 潘懋元.中国独创的教育基本制度:《自学考试制度研究》简介[J].教育与考试,2009(2):5-6.

④ 潘懋元,吴玫.独立学院的兴起及前景探析[J].中国高等教育,2004(Z2):30-31.

⑤ 潘懋元."双一流"为高等教育强国建设注入强大动力[N].人民日报,2017-11-19(05).

⑥ 陈兴德,潘懋元."依附发展"与"借鉴—超越":高等教育两种发展道路的比较研究[J].高等教育研究,2009(7):10-16.

⑦ 潘懋元.做强地方本科院校 建设高等教育强国[J].井冈山大学学报(社会科学版),2010(1):77-79.

“借鉴超越论”表达的核心思想是中国高等教育崛起之路是一条自主发展道路。这条道路是坚持扎根中国大地办教育的自觉自省之路，是在博采众长、批判吸收的基础上实现本土化创新的跨越发展之路，是扎根于特定的中国国情、特殊的中国制度、独特的中国文化而探索出来的中国式现代化道路，是一条在继承中发展、在借鉴中超越的自主创新道路。

四、对话论：在文明对话之中淬炼中国大学模式

加拿大许美德（Ruth Hayhoe）教授是一位非常关心中国高等教育发展的国际友人，撰写了中国大学发展史研究的“三部曲”——《中国大学1895—1995：一个文化冲突的世纪》《思想肖像：中国知名教育家的故事》《21世纪中国大学肖像：向大众化高等教育的转型》，并提出“中国大学模式”的重要命题。正因如此，厦门大学王洪才教授赞誉她为“国外系统研究中国大学教育的第一人”[①]。她运用比较教育之镜透视中国教育，探索出从“文明对话”视角建立全球教育关系的新途径。[②] 我们可以把这种高等教育崛起的理论认识称为“对话论”，即世界高等教育格局的未来形态是“东西方文明对话”，达到费孝通先生所言的“各美其美，美人之美，美美与共，天下大同”[③]的理想状态。在她那里，“中国大学模式”不是对其他大学模式的替代，中国大学崛起不是简单地从边缘走向中心的过程，而是文明对话的过程。这种文明对话不是信息的单向传输——中国学习西方发达国家高等教育发展模式或经验，而是双向互动——中国与其他国家通过增加文化理解而互学互鉴。

许美德教授真诚地说：“我希望通过中国大学把中国传统文化和学术精神介绍给世界，把中国的高等教育介绍到西方，打开西方世界客观、全面地了解中国和中国文化的窗口，搭建‘东西方文明对话’的桥梁，使中国大学和

① 王洪才.对露丝·海霍“中国大学模式”命题的猜想与反驳[J].高等教育研究，2010(5)：6-13.

② 黄菊.比较视野下的教师教育：专访加拿大多伦多大学许美德（Ruth Hayhoe）教授[J].教师教育学报，2015(5)：54-61.

③ 张志刚.中华民族共同体与人类命运共同体哲理沉思：从费孝通先生“十六字箴言”说起[J].中华民族共同体研究，2022(6)：18-27，167-168.

儒家文化在文明对话中发挥更大的作用。”①从这段话中，我们能够深刻感受到一位国际友人对中国大学崛起的期待，许美德教授将这份期待寄托于中国优秀的传统文化：认为“书院制度”能够在中国大学发展中发挥作用，强调“孔子学院”能够扮演文明对话的角色，“师范教育”有助于中国大学崛起、世界大学模式的多元发展。也就是说，在高等教育语境下，中西方文明对话的重要前提是中国高等教育具有文化意义上的链接性与独特性。文化上的链接性能够为中西方文明对话确立沟通基础，文化上的独特性能够为中西方文明对话开辟广阔空间，特别是这份独特的民族文化是做出中国贡献的根本所在。

王洪才教授对许美德从文化视角观察“中国大学模式”表示钦佩，但对其寄托于“中国文化”的观点提出了质疑。质疑点主要体现在三点：其一，“中国文化”是中国传统文化，还是改造或转译后的中国文化，抑或当下的中国文化，“中国文化”有待澄清；其二，“中国文化”在一定程度上可以弥补西方文化的自我中心主义，但如何转化为具体行动，这涉及许多现实利益的考虑；其三，学术独立的主张并不符合中国文化特质，“中国大学模式”必须在政治上保持高度统一，这才是“中国特色”的真正含义。②

最根本的问题就是，中西方文明互补的契合点在哪里？笔者认为，中国大学秉持的是“德性大学观”或“伦理大学观”，西方大学秉持的是“真理大学观”或“知识大学观”。回归中国传统文化，我们可以从中挖掘文化密码、汲取精神力量。《大学》开篇有言：“大学之道，在明明德，在亲民，在止于至善。”这句话对我们识读中国大学的文化性格有没有启发意义？大学的宗旨在于弘扬光明正大的品德，在于使人弃旧图新，在于使人达到臻于完善的至高境界。从古至今，中国高等教育的文化性格在于“德性”或“伦理”二字——修己之“私德”、为人之“公德”、治国之“大德”，我们不是不重视对真理或知识的追求，但它是以“德”为根本追求、为最终归宿的。西方高等教育

① 许美德.中国大学 1895—1995：一个文化冲突的世纪[M].许洁英，译.北京：教育科学出版社，2000：14-15.

② 王洪才.对露丝·海霍“中国大学模式”命题的猜想与反驳[J].高等教育研究，2010(5)：6-13.

的文化性格在于“真理”或“知识”二字——“吾爱吾师,吾更爱真理”,对于自由、真理、知识的追求在许多大学校训中可见一斑。当然,这也不意味着,西方大学不重视德性,只不过更加珍视真理或知识的价值。这大概也是我们理解“李约瑟难题”的一重视角。按照“真理观”大学标准,中国近代大学必然是西方“舶来品”,古代也无“大学”一说。按照“德性观”大学标准,中国大学发展史源远流长。由此而言,我们到底以一种什么样的面貌来接纳中国传统文化,到底以一种什么样的姿态去迎接世界文明的交流与对话?如果我们能够找准自己的文化定位,就有可能实现东西方文明之间的平等对话、优势互补,就有可能与他们“并跑”,甚至是“领跑”。

概言之,“周期论”“依附论”“超越论”和“对话论”四种论断各有一定的解释力。中国高等教育崛起必须“坚持扎根中国大地办教育”,从现实国情出发、从政治制度出发、从历史文化出发,不等待、不依附,在理解、对话、借鉴中实现超越发展,走出一条具有中国特色、世界水平的高等教育现代化道路。

后　记

本书是研究生课程“高等教育政治学”团队教学的探索性成果，由相关论文和课程讲义集结、修订而成。其中，密切相关的论文如下：(1)王洪才、解德渤的《纪念毛泽东：一位解放教育学的先驱》，发表于《复旦教育论坛》2013年第6期；(2)陈涛、唐教成、韩茜的《中国共产党治理高等教育的百年进路及基本逻辑》，发表于《重庆高教研究》2021年第4期；(3)唐德海、李枭鹰、郭新伟的《“课程思政”三问：本质、界域和实践》，发表于《现代教育管理》2020年第10期；(4)解德渤、崔桐的《大学课堂革命何以可能——研究性教学的旨趣、实践及其挑战》，发表于《重庆高教研究》2020年第3期；(5)解德渤的《我国大学发展战略的三种哲学基础》，发表于《现代教育管理》2016年第6期；(6)解德渤的《大学战略规划与大学治理文化——重温乔治·凯勒的〈大学战略与规划〉》，发表于《西南交通大学学报(社会科学版)》2016年第2期；(7)田芬的《我国大学内部治理中校院关系的审视与重塑》，发表于《浙江树人大学学报》2020年第5期；(8)范奇的《论高校“办学自主权”的双面法治逻辑及统合》，发表于《交大法学》2019年第3期；(9)苏永建、李冲的《“双一流”背景下中国特色现代大学制度的挑战与应对》，发表于《教育发展研究》2017年第13—14期；(10)解德渤、尚趁的《高等教育强国建设的公平之维——基本逻辑、理论框架与行动方略》，发表于《福建师范大学学报(哲学社会科学版)》2019年第6期；(11)解德渤的《高等教育强国建设需要什么样的高等教育公平》，发表于《高等教育研究》2019年第5期；(12)张继明的《“一带一路”倡议下区域高等教育国际化的建设向度及其治理》，发表于《江苏大学学报(社会科学版)》2023年第1期；(13)解德渤、马萌迪的《潘懋元与阿特巴赫的三大理论分歧——兼论高等教育研究的中国气派》，发表于《中国高等教育评论》2022年第2期。为使全书整体逻辑更为顺畅,前后观点更为一致,语言风格更为统一,我们对每一篇论文都进行了不同程度的删改。

在此,特别感谢厦门大学王洪才教授、广西民族大学唐德海教授、西南财经大学陈涛教授、济南大学张继明副教授、西北工业大学田芬博士、西南大学范奇博士等校外专家提供的鼎力支持！非常感谢大连理工大学李枭鹰教授、苏永建副教授、李冲教授等校内专家给予的无私帮助！感谢尚趁、崔桐、徐萍、马萌迪、郭新伟、唐教成、韩茜等老师和同学们的积极参与！全书由解德渤负责统稿,具体分工如下:

导　言　高等教育政治学的魅力(解德渤)

第一讲　解放教育学先驱与解放政治(王洪才、解德渤)

第二讲　中国共产党治理高等教育的百年回望(陈涛、唐教成、韩茜)

第三讲　课程思政:课程与政治的有机结合(唐德海、李枭鹰、郭新伟)

第四讲　课堂教学:一场“静悄悄的革命”(解德渤、崔桐)

第五讲　导师权力:权力政治的微观表达(解德渤、徐萍)

第六讲　大学战略规划中的政治意蕴(解德渤)

第七讲　大学内部治理中的“校院关系”(田芬)

第八讲　高校办学自主权中的法治逻辑(范奇)

第九讲　“双一流”政策与中国特色现代大学制度的互动(苏永建、李冲)

第十讲　高等教育强国建设与高等教育公平的互动(解德渤、尚趁)

第十一讲　“一带一路”倡议与区域高等教育国际化的互动(张继明)

第十二讲　中国高等教育何以崛起的政治解读(解德渤、马萌迪)

本书的出版得到了广西师范大学出版社的大力支持,以及大连理工大学“管理工程”学科建设经费的资助,对此,我深表敬意！如今拙作出版面世,为“高等教育政治学”这个松散耦合的教学团队带来至高的学术愉悦。希望这本书可以给读者带来同样的学术愉悦,以及更多的学术思考。

2024 年 1 月 22 日